VRHUNSKO SJEME KUHARICA

100 recepata sa sjemenkama bundeve, sjemenkama suncokreta i više

Dora Mandžukić

Materijal autorskih prava ©2024

Sva prava pridržana

Nijedan dio ove knjige ne smije se koristiti ili prenositi u bilo kojem obliku ili na bilo koji način bez odgovarajućeg pisanog pristanka izdavača i vlasnika autorskih prava, osim kratkih citata korištenih u recenziji. Ovu knjigu ne treba smatrati zamjenom za medicinske, pravne ili druge stručne savjete.

SADRŽAJ

SADRŽAJ 3
UVOD 6
SJEMENKE BUNDEVE 7
   1. Sjemenke Pumpkin 8
   2. Vatrene sjemenke bundeve 10
   3. Čokoladni Goji Banana Pops 12
   4. Tikvice s pestom od bundeve 14
   5. Salata od pečenih patlidžana 16
   6. Jesenska mješavina zalogaja 18
   7. Mješavina za užinu za Noć vještica 20
   8. Popcorn Berry Trail Mix 22
   9. Ashwagandha Trail Mix 24
   10. Tostada sladoled od cimeta i šećera 26
   11. Sirovi parfe s mlijekom od spiruline 29
   12. Muffini s lanom i narančom od brusnice 31
   13. Super zrnasta granola začinjena čajem 33
   14. Zdjelice za tortu od sira od bundeve 36
   15. Doručak Slatki krumpir s čajem od hibiskusa i jogurtom 39
   16. Zdjelice za doručak s kokos kvinojom 41
   17. Bundeva Lamington 43
   18. Salata od jagoda i špinata s preljevom od margarite 46
SJEMENKE SUNCOKRETA 48
   19. Mješavina za grickalice za ljetni piknik 49
   20. Barbecue Munch mješavina 51
   21. Mješavina tragova suhog voća i orašastih plodova 53
   22. Bagels od punog zrna pšenice od suncokretovih sjemenki 55
   23. Cikla s gremolatom od naranče 57
   24. Salata od mikrozelenja od brokule sa Avokado 59
   25. Ashwagandha indijske pločice 61
   26. Amaretto kolači od sira 64
SEZAM 66
   27. Salata od pekinških algi 67
   28. Sendvič s jabukama i goji bobicama 69
   29. Matcha mochi muffini 71
   30. Sezam i makadamija Mjesečeve kolače od snježne kože 73
SJEME DINJE 76
   31. Salata od kruške i oraha 77
   32. Mooncakes od tamne čokolade i kave 79
   33. Blue Lotus Mooncakes 81
   34. Mjesečev kolač od bijele kave 84
   35. Kahlua mjesečev kolač od snježne kože 87
CHIA SJEMENKE 90

36. Spirulina kolačići 91
37. Butterfly Pea Overnight Oats 93
38. Matcha I Butterfly Pea Smoothie Bowl 95
39. B leptir Pea G laze d Uštipci 97
40. Beksić od brusnice i chia sjemenki 99
41. Chia puding od bazge 102
42. Zdjela za smoothie od cvijeta bazge 104
43. Chia džem od bazge 106
44. Energetski ugrizi hibiskusa 108
45. Mason Jar Chia pudinzi 110
46. Matcha Zob za noćenje 112
47. Matcha smoothie od avokada 114
48. Staklenke za parfe od kruške i pistacija 116

SJEMENKE LANA/LANE 118
49. Veganske mesne okruglice u pećnici 119
50. Okrugli biskvit s vlaknima 121
51. Kutija za ručak s čokoladnim kolačićima 123
52. Fonio & Moringa krekeri 125
53. Energetski zalogaji bez pečenja s Nutellom 127
54. Jabuka Borovnica Orah Crisp 129
55. Smoothie za čišćenje od bobica i blitve 131

SJEMENKE KARDAMOMA 133
56. Indijski Masala Chai Affogato 134
57. Chai sladoled 136
58. Čaj s ljuskicama kombu alge 139
59. Kolači s maslacem od naranče i kardamoma s glazurom od ruža 141

SJEMENKE KONOPLJE 144
60. Ćufte od crvene cikle 145
61. Borovnica Spirulina preko noći Zob 147
62. Zdjela za smoothie od breskve 149
63. Čokoladna kora s goji bobicama 151
64. Zeleni čaj i đumbir Smoothie 153

SJEMENKE MAKA 155
65. Vafli s limunom i makom 156
66. Carbquik Bialys 158
67. Carbquik muffini s limunom 161

SJEMENKE GORUCICE 163
68. Bureke 164
69. Chutney od rabarbare 167
70. Ukiseljene rotkvice 169
71. Senf Microgreen Dal Curry 171
72. Prosecco senf 173
73. Proso, riža i nar 175
74. Chutney od brusnice i smokve 177

SJEME KOMORAČA 179

75. Tres Leches kolač sa Sjeme komorača ...180
76. Sporo pečena janjeća plećka ...184
77. Čaj od kamilice i komorača ...186

SJEMENKE KIMA ... 188
78. Farmhouse Pork Lonac Pita ...189
79. Kokosovo superzelenje i juha od spiruline ...191
80. Njemački Bratwurst ...193
81. Slani krekeri od kima i raži ...195

SJEMENKE CRNICE/SJEMENKE CRNOG KIMA ... 197
82. Torta od patlidžana s kozjim sirom ...198
83. Pogačice s piletinom ...201
84. Tikur Azmud mješavina začina (mješavina crnog kumina) ...204
85. Zeleni Matcha pileći curry s limetom ...206

SJEME PAPAJE ... 209
86. Salsa od sjemenki papaje ...210
87. Smoothie od sjemenki papaje ...212
88. Preljev za sjemenke papaje ...214

MJEŠAVANJE SJEMENA ... 216
89. Thandai Tres Leches ...217
90. Ukiseljene rotkvice ...220
91. Curry od bundeve sa začinjenim sjemenkama ...222
92. Salata od kupusa i nara ...224
93. Salata od mrkve i nara ...226
94. Čaj masala začin ...228
95. Začinjeni čili slanutak ...230
96. Od brusnica i oraha ...232
97. Godiva i čokoladna kora od badema ...234
98. Goji zdjelice za squash ...236
99. Zdjelica za jogurt Superfood ...238
100. Zdjelice od kivija i papaje ...240

ZAKLJUČAK ... 242

UVOD

Dobro došli u "VRHUNSKO SJEME KUHARICA", kulinarsku avanturu koja slavi raznolikost i svestranost sjemenki. Od sjemenki bundeve do sjemenki suncokreta i dalje, sjemenke nisu samo hranjive snage, već također dodaju divan okus, teksturu i hrskavost širokom rasponu jela. U ovoj kuharici predstavljamo vam 100 recepata koji prikazuju nevjerojatan potencijal sjemenki, nudeći kreativne i ukusne načine da ih uključite u svoje kuhanje.

Sjemenke su više od obične grickalice— one su kulinarska riznica koja čeka da bude otkrivena. Bilo da ih posipate po salatama za dodatnu hrskavost, koristite ih kao premaze za meso i plodove mora ili ih uključujete u peciva i deserte, sjemenke svakom receptu donose jedinstven i zadovoljavajući element. U ovoj kolekciji pokazat ćemo vam kako iskoristiti dobrotu sjemenki za stvaranje jela koja su i hranjiva i ukusna.

Ali "VRHUNSKO SJEME KUHARICA" više je od puke zbirke recepata - to je slavlje nevjerojatne raznolikosti i obilja sjemenki koje se nalaze u prirodi. Dok istražujete stranice ove kuharice, otkrit ćete zdravstvene dobrobiti i kulinarske mogućnosti sjemenki bundeve, suncokreta, sezama, chia sjemenki i još mnogo toga. Bez obzira jeste li kuhar koji vodi brigu o zdravlju ili kulinarski entuzijast, u ovoj kuharici postoji nešto što će nadahnuti i uzbuditi vaše okusne pupoljke.

Dakle , želite li dodati hranjivi poticaj svojim obrocima ili jednostavno istražiti nove okuse i teksture, neka "VRHUNSKO SJEME KUHARICA" bude vaš vodič. Od slanih do slatkih, jednostavnih do sofisticiranih, u ovoj zbirci postoji recept za sjemenke za svako nepce i priliku. Pripremite se za slasno putovanje kroz prekrasan svijet sjemenki.

SJEMENKE BUNDEVE

1.sjemenke Pumpkin

SASTOJCI:
- 2 šalice sirovih, oljuštenih sjemenki bundeve
- 2 žlice soja umaka
- 1 žličica đumbira u prahu
- 2 žličice Splenda

UPUTE:
a) Zagrijte pećnicu na 350°F.
b) U zdjeli za miješanje pomiješajte sjemenke bundeve, soja umak, đumbir i Splenda, dobro promiješajte.
c) Sjemenke bundeve rasporedite u plitku posudu za pečenje i pecite oko 45 minuta ili dok se sjemenke ne osuše, miješajući dva do tri puta tijekom pečenja.
d) Svaki s 13 grama ugljikohidrata i 3 grama vlakana, za ukupno 10 grama iskoristivih ugljikohidrata i 17 grama proteina.

2. Vatrene sjemenke bundeve

SASTOJCI:
- 1 žličica slatke paprike
- ½ žličice mljevenog kima
- 1/4 šalice maslinovog ulja
- 1 žličica Tabasco umaka
- 2 šalice oljuštenih sjemenki bundeve
- Sol

UPUTE:
a) Zagrijte pećnicu na 400°F. U maloj posudi pomiješajte papriku i kumin. Umutiti ulje i tabasco. Dodajte sjemenke bundeve i pomiješajte.
b) Rasporedite sjemenke po limu za pečenje i pecite dok ne zamiriše, oko 5 minuta. Izvadite iz pećnice, pospite solju po ukusu i potpuno ohladite prije posluživanja.
c) Najbolje ih je jesti na dan kada su napravljeni, ali kada se ohlade, mogu se pokriti i čuvati na sobnoj temperaturi 2 do 3 dana.

3. Čokoladni Goji Banana Pops

SASTOJCI:
- 4 banane srednje veličine oguliti i prerezati poprečno na pola
- Štapići za sladoled
- 1 ½ šalice komadića/gumbića tamne čokolade
- ¼ žličice kokosovog ulja

PRELJEVI
- Tostirani musli i sjemenke bundeve
- Goji bobice i sušene marelice narezane na kockice
- Zamrznuti sušeni čips od nara i kokosa
- Sjeckani pistacije i nasjeckani bademi
- Narezani bademi i nasjeckani kokos
- Puffs od kvinoje

UPUTE:
a) Stavite komadiće čokolade s kokosovim uljem u zdjelu prikladnu za mikrovalnu pećnicu i zagrijavajte u intervalima od najmanje 15 sekundi na srednjoj snazi - miješajte svaki komad dok se ne otopi.
b) Upotrijebite šalicu sa širokim otvorom tako da otopljena čokolada može pokriti barem ¾ duljine banane kada je umočite u čokoladu.
c) Svaki preljev rasporedite na ravni pleh i bananu prelivenu čokoladom uvaljajte u preljev po želji. Stavite na poseban mali pladanj s voštanim papirom.
d) Ponovite postupak za ostale preljeve pa ih stavite u zamrzivač na najmanje 30 minuta ili dok se premaz ne stvrdne. Poslužite hladno.

4.Tikvice s pestom od bundeve

SASTOJCI:
PESTO OD BUČE:
- ½ šalice sjemenki bundeve
- ⅜ šalice maslinovog ulja
- 1 žlica soka od limuna
- 1 prstohvat soli
- 1 vezica bosiljka

PRELJEV:
- 7 crnih maslina
- 5 cherry rajčica

UPUTE:
a) U procesoru hrane usitnite sjemenke bundeve u fino brašno. Dodajte maslinovo ulje, limun i sol i miješajte dok se dobro ne sjedini. Povremeno zastanite da stružete po bokovima. Dodajte listiće bosiljka.
b) Začinite s još maslinova ulja, soli i limuna. Čuvajte pesto u zatvorenoj staklenci. U hladnjaku će trajati oko tjedan dana.
c) Gulilicom za krumpir ogulite vanjsku stranu zelenih tikvica. Nastavite s guljenjem do srži.
d) Pomiješajte tikvice i pesto i pospite maslinama i cherry rajčicama.

5. Salata od pečenih patlidžana

SASTOJCI:
- 175 g bundeve
- 1 manji patlidžan , na kockice
- 1 glavica crvenog luka, narezana na ploške
- 1 crvena paprika, narezana na ploške
- Šaka baby leaf špinata
- 1 žlica sjemenki bundeve
- 1 žličica meda
- 1 žličica balzamičnog octa

UPUTE:
a) Zagrijte pećnicu na drva . Na unutrašnjoj kamenoj dasci ciljajte na 952°F (500°C).
b) Dodajte maslinovo ulje u tavu od lijevanog željeza .
c) Maknite tavu s vatre kad se ulje zagrije i dodajte patlidžan , luk, crvenu papriku i bundevu.
d) Vratite posudu u pećnicu na 3-5 minuta, ili dok povrće ne omekša i malo se zapeče.
e) Maknite tavu s vatre i pospite je balzamičnim octom i medom.
f) Po vrhu pospite sjemenkama bundeve i poslužite uz jelo od mladog špinata.

6. Jesenska mješavina zalogaja

SASTOJCI:
- 6 šalica pečenih kokica
- 1 šalica suhih brusnica
- 1 šalica prženih sjemenki bundeve
- 1 šalica bombona
- ½ šalice kikirikija prženog u medu

UPUTE:
a) U velikoj zdjeli pomiješajte sve sastojke dok se dobro ne sjedine.
b) Poslužite odmah ili pohranite u hermetički zatvorenu posudu.

7. Mješavina za užinu za Noć vještica

SASTOJCI:
- 6 šalica pečenih kokica
- 1 šalica bombona
- 1 šalica prezli prelivenih čokoladom
- 1 šalica mini Reese's Pieces
- ½ šalice sjemenki bundeve

UPUTE:
a) U velikoj zdjeli pomiješajte sve sastojke dok se dobro ne sjedine.
b) Poslužite odmah ili pohranite u hermetički zatvorenu posudu.

8.Popcorn Berry Trail Mix

SASTOJCI:
- 1 šalica prženih kokica
- ¼ šalice prženog kikirikija
- ¼ šalice prženih badema
- ¼ šalice sjemenki bundeve
- ¼ šalice suhih borovnica, bez dodanog šećera
- 2 žlice komadića tamne čokolade (po želji)
- prstohvat cimeta (po želji)
- prstohvat soli

UPUTE:
a) Pomiješajte sve sastojke, po želji dodajte cimet i sol po ukusu.
b) Čuvati u hermetički zatvorenoj posudi.
c) Traje do 2 tjedna u smočnici.

9. Ashwagandha Trail Mix

SASTOJCI:
- 1 žlica kokosovog ulja
- 1 žličica kumina u prahu
- 1 žličica kardamoma u prahu
- 1 šalica zlatnih grožđica
- 1 šalica sjemenki bundeve
- 1 žlica sjemenki sezama
- 1 žličica ashwagandhe u prahu

UPUTE:
a) U maloj tavi zagrijte kokosovo ulje na srednje jakoj vatri. Nakon što se ulje ukapi, dodajte kumin i kardamom. Zagrijte ulje i začine 1 minutu ili dok ne postanu aromatični. Dodajte grožđice, sjemenke bundeve i sjemenke sezama u tavu i promiješajte da se ravnomjerno prekrije uljem i začinskim biljem.

b) Povremeno miješajte 3-5 minuta ili dok sjemenke ne počnu smeđiti, zatim maknite s vatre i umiješajte ashwagandhu.

c) Prebacite na papir za pečenje i ravnomjerno rasporedite da se ohladi. Jedite dok je još toplo za dodatni učinak uzemljenja.

10. Tostada sladoled od cimeta i šećera

SASTOJCI:
ZA ZAČINJENI PRELJEV OD HRUSKAVCA:
- ½ šalice granuliranog šećera
- ½ žličice košer soli
- 1 žličica čilija u prahu
- ½ žličice kajenskog papra
- ½ žličice cimeta
- 1 bjelanjak
- 1 šalica sirovih badema
- 1 šalica sirovih pepita (sjemenki bundeve)

ZA TOSTADE:
- 5 žlica granuliranog šećera
- 2 žličice cimeta
- Biljno ulje za prženje
- 4 tortilje od brašna ili kukuruza (mi smo koristili Mi Rancho)

ZA NEDJELJNICE:
- Sladoled od vanilije
- Dulce de leche ili čokoladni kolač
- Šlag
- Maraskino višnje

UPUTE:
ZA ZAČINJENI HRK OD ORAŠA:
a) Zagrijte pećnicu na 300 stupnjeva F.
b) U maloj posudi pomiješajte šećer, sol, čili u prahu, kajenski papar cimet.
c) U srednjoj posudi umutite bjelanjak dok ne postane pjenast, zatim lagano ubacite bademe i pepita da ih obložite.
d) Pospite mješavinu začina preko orašastih plodova i promiješajte da se ravnomjerno prekriju.
e) Premjestite obložene orašaste plodove u lim za pečenje obložen papirom za pečenje, rasporedite ih u jedan sloj.
f) Pecite orahe dok ne porumene, bacajući ih do pola, što bi trebalo trajati oko 40 do 50 minuta.
g) Pustite da se orašasti plodovi potpuno ohlade, a zatim ih grubo nasjeckajte ⅓ šalice i ostavite ih sa strane. Imat ćete dodatno začinjene orašaste plodove koje možete pohraniti u hermetički zatvorenu posudu kao međuobrok za kasnije.

ZA TOSTADE:
h) Pomiješajte granulirani šećer i cimet u širokoj, plitkoj posudi.
i) Dodajte dovoljno biljnog ulja u tavu s debelim dnom (poput lijevanog željeza) da je ispunite do jedne trećine.
j) Zagrijte ulje na srednjoj vatri dok ne zasja i počne mjehurićati.
k) Pažljivo stavljajte jednu po jednu tortilju u vruće ulje i pržite svaku stranu 50 do 70 sekundi ili dok ne postanu zlatno smeđe i hrskave s obje strane.
l) Premjestite svaku tostadu u smjesu cimet šećera i potpuno ih premažite. Tostade obložene cimetom i šećerom stavite na tanjur za posluživanje i ponovite s preostalim tortiljama.

ZA SASTAVLJANJE SUNDE:
m) prelivenu šećerom od cimeta stavite kuglicu sladoleda od vanilije.
n) Pokapajte dulce de leche ili čokoladni kolač.
o) Završite dodavanjem šake nasjeckanog začinjenog hrskavog orašastog voća i drugih dodataka po želji.

11. Sirovi parfe s mlijekom od spiruline

SASTOJCI:
SUHO
- ½ šalice zobi
- 1 žlica sušene jabuke
- 1 žlica badema, aktiviranih
- 1 žlica slatkih kakao grickalica
- 1 žlica marelica, osušenih, sitno nasjeckanih
- ½ žličice vanilije u prahu
- 1 žlica maca praha

TEKUĆINA
- 1 šalica mlijeka od indijskih oraščića
- 1 žlica spiruline u prahu
- 2 žlice samljevenih sjemenki bundeve

UPUTE:
a) U staklenku dodajte zobene zobi, jabuke, bademe i marelice i na vrh stavite kakao grickalice.
b) Zatim stavite mlijeko od indijskih oraščića, spirulinu i sjemenke bundeve u blender i pulsirajte na visokoj razini jednu minutu.
c) Gotovo mlijeko prelijte preko suhih sastojaka i uživajte.

12. Muffini s lanom i narančom od brusnice

SASTOJCI:

- 2 šalice Carbquika
- 2 mjerice Chocolate Designer proteina (po izboru)
- 1 šalica lanenog brašna
- 1 šalica termostabilnog zaslađivača (npr. ⅔ šalice Splenda, ⅓ šalice ksilitola, 1 paketić Stevije Plus)
- želea od naranče bez šećera
- 2 žličice praška za pecivo
- ½ šalice maslaca ili masti
- 1 šalica mlijeka
- 1 šalica sirupa od vanilije bez šećera
- 2 žličice ekstrakta vanilije
- 4 jaja
- 1 šalica sjemenki bundeve
- ½ paketa brusnica

UPUTE:

a) Zagrijte pećnicu na 350 stupnjeva Fahrenheita (175 stupnjeva Celzija).
b) Poprskajte 24 kalupa za muffine neljepljivim sprejom za kuhanje s okusom maslaca.
c) U zdjeli za miješanje pomiješajte Carbquik, Chocolate Designer Protein (ako koristite), laneno brašno, termostabilni zaslađivač (Splenda, ksilitol, Stevia Plus), narančasti žele bez šećera i prašak za pecivo. Pomiješajte ih.
d) Dodajte maslac ili mast i miješajte dok se smjesa malo ne navlaži.
e) Umiješajte mlijeko, sirup bez šećera, ekstrakt vanilije i jaja. Miješajte dok se dobro ne sjedini.
f) Nježno umiješajte sjemenke bundeve i brusnice.
g) Žlicom rasporedite tijesto u pripremljene kalupe za muffine, raspodijelivši ga u 24 čaše.
h) Pecite u prethodno zagrijanoj pećnici 25-30 minuta, odnosno dok muffini nisu potpuno pečeni i dok čačkalica zabodena u sredinu ne izađe čista.
i) Kada su gotovi, izvadite muffine iz pećnice i ostavite ih nekoliko minuta da se ohlade u kalupima za muffine.
j) Prebacite muffine na rešetku da se potpuno ohlade.
k) Uživajte u svojim domaćim Carbquik muffinima od brusnice i naranče i lana!

13. Super zrnasta granola začinjena čajem

SASTOJCI:

- ¼ šalice maslaca od badema (ili bilo kojeg maslaca od orašastih plodova/sjemenki po vašem izboru)
- ¼ šalice javorovog sirupa
- 2 žličice ekstrakta vanilije
- 5 žličica mljevenog cimeta
- 2-3 žličice mljevenog đumbira
- 1 žličica mljevenog kardamoma
- 1 ½ šalice valjane zobi (po potrebi osigurajte bez glutena)
- ½ šalice oraha ili pekan oraha, grubo nasjeckanih
- ¾ šalice nezaslađenih kokosovih pahuljica
- ¼ šalice sirovih sjemenki bundeve (pepitas)

UPUTE:

a) Zagrijte pećnicu na 325 stupnjeva F (160 °C) i obložite lim za pečenje standardne veličine papirom za pečenje.
b) U srednjoj posudi za miješanje pomiješajte maslac od badema, javorov sirup, ekstrakt vanilije, mljeveni cimet, mljeveni đumbir i mljeveni kardamom. Miješajte dok smjesa ne postane glatka.
c) Dodajte valjane zobene zobi, nasjeckane orahe ili pekan orahe, nezaslađene kokosove pahuljice i sirove sjemenke bundeve u zdjelu s mješavinom bademovog maslaca. Dobro promiješajte kako biste bili sigurni da su svi suhi sastojci ravnomjerno obloženi.
d) Prebacite smjesu granole na pripremljeni lim za pečenje, rasporedite je u ravnomjeran sloj. Ako radite veću seriju, po potrebi upotrijebite dodatne limove za pečenje.
e) Pecite u prethodno zagrijanoj pećnici 20-25 minuta. Budite oprezni pred kraj kako biste spriječili da zagori. Granola je gotova kada zamiriše i potamni.
f) Napomena: Ako više volite ekstra krupnu granolu, izbjegavajte je bacati tijekom pečenja. Za mrvičastiju teksturu, promiješajte ili malo promiješajte granolu na pola puta kako biste razbili grudice.
g) Nakon što granola vidljivo porumeni i zamiriše, izvadite je iz pećnice. Lagano bacite granolu kako bi višak topline izašao. Pustite da se potpuno ohladi na limu za pečenje ili u zdjeli zaštićenoj od topline.
h) Čuvajte svoju super krupnu granolu začinjenu čajem u zatvorenoj posudi na sobnoj temperaturi do 1 mjeseca ili u zamrzivaču do 3 mjeseca.
i) Uživajte u granoli samostalno, s mlijekom, jogurtom ili posutom po vrhu zobene kaše za divan doručak ili međuobrok!

14. Zdjelice za tortu od sira od bundeve

SASTOJCI:
- 4 unce krem sira, omekšalog
- 1 šalica običnog grčkog jogurta, plus još za preljev
- 1 šalica pirea od bundeve
- ¼ šalice javorovog sirupa
- 1 žličica ekstrakta vanilije
- 2 žličice mljevenog cimeta
- 1 žličica mljevenog đumbira
- ½ žličice mljevenog muškatnog oraščića
- Fina morska sol
- 1 šalica granole
- Tostirane sjemenke bundeve
- Sjeckani pekan orasi
- Nar arils
- Kakao grickalice

UPUTE:

a) Dodajte krem sir, jogurt, pire od bundeve, javorov sirup, vaniliju začine i prstohvat soli u zdjelu procesora hrane ili blendera i miješajte dok ne postane glatko i kremasto. Prebacite u zdjelu, pokrijte i ostavite u hladnjaku najmanje 4 sata.

b) Za posluživanje podijelite granolu u zdjelice za desert. Na vrh stavite mješavinu bundeve, malo grčkog jogurta, sjemenke bundeve, pekan orahe, šipak i kakaovce.

c) Dodajte farro, 1¼ šalice (295 ml) vode i obilan prstohvat soli u srednju posudu za umake. Pustite da prokuha, zatim smanjite vatru na nisku, pokrijte i kuhajte dok farro ne omekša uz lagano žvakanje, oko 30 minuta.

d) Pomiješajte šećer, preostale 3 žlice (45 ml) vode, mahunu vanilije i sjemenke te đumbir u malom loncu na srednje jakoj vatri. Zakuhajte, miješajući dok se šećer ne otopi. Maknite s vatre i kuhajte 20 minuta. U međuvremenu pripremite voće.

e) Odrežite vrhove grejpa. Stavite na ravnu radnu površinu s izrezanom stranom prema dolje. Oštrim nožem odrežite koru i bijelu srž, prateći krivulju voća, od vrha do dna. Zarežite između opni kako biste uklonili segmente ploda. Ponovite isti postupak da ogulite i segmentirate krvavu naranču.

f) Izvadite i bacite đumbir i mahune vanilije iz sirupa. Za posluživanje, podijelite farro u zdjelice.

g) Rasporedite voće po vrhu zdjele, pospite plodovima nara, a zatim prelijte sirupom od đumbira i vanilije.

15. Doručak Slatki krumpir s čajem od hibiskusa i jogurtom

SASTOJCI:
- 2 ljubičasta batata

ZA GRANOLU:
- 2 ½ šalice zobi
- 2 žličice sušene kurkume
- 1 žličica cimeta
- 1 žlica korice citrusa
- ¼ šalice meda
- ¼ šalice suncokretovog ulja
- ½ šalice sjemenki bundeve
- mrvica soli

ZA JOGURT:
- 1 šalica običnog grčkog jogurta
- 1 žličica javorovog sirupa
- 1 vrećica čaja od hibiskusa
- jestivo cvijeće, za ukras

UPUTE:
a) Zagrijte pećnicu na 425 stupnjeva i izbockajte krumpire vilicom.
b) Zamotajte krumpir u limenu foliju i pecite 45 minuta do sat vremena.
c) Izvadite iz pećnice i ostavite da se ohladi.

ZA GRANOLU:
d) Smanjite pećnicu na 250 stupnjeva i obložite lim za pečenje papirom za pečenje.
e) Pomiješajte sve sastojke za granolu u posudi za miješanje i miješajte dok se sve ne prekrije medom i uljem.
f) Prebacite u obložen pleh i rasporedite što ravnomjernije.
g) Pecite 45 minuta, miješajući svakih 15 minuta, ili dok granola ne porumeni.
h) Izvadite iz pećnice i ostavite da se ohladi.

ZA JOGURT:
i) Napravite čaj od hibiskusa prema uputama na vrećici čaja i ostavite ga sa strane da se ohladi.
j) Kad se zagrije na sobnu temperaturu, umiješajte javorov sirup i čaj u jogurt dok ne dobijete glatku i kremastu teksturu s blago ružičastom nijansom.

ZA SASTAVLJANJE:
k) Krumpir prerežite na pola i na njega stavite granolu, aromatizirani jogurt i jestivo cvijeće za ukras.

16. Zdjelice za doručak s kokos kvinojom

SASTOJCI:
- 1 žlica kokosovog ulja
- 1½ šalice crvene ili crne kvinoje, isprane
- Limenka od 14 unci nezaslađenog svijetlog kokosovog mlijeka, plus još za posluživanje
- 4 šalice vode
- Fina morska sol
- žlice meda, agavinog ili javorovog sirupa
- 2 žličice ekstrakta vanilije
- Jogurt od kokosa
- Borovnice
- Goji bobice
- Tostirane sjemenke bundeve
- Tostirane nezaslađene kokosove pahuljice

UPUTE:
a) Zagrijte ulje u loncu na srednje jakoj vatri. Dodajte kvinoju i tostirajte oko 2 minute, često miješajući. Polako umiješajte limenku kokosovog mlijeka, vodu i prstohvat soli. Kvinoja će u početku klokotati i prštiti, ali će se brzo slegnuti.
b) Pustite da zavrije, zatim poklopite, smanjite vatru na nisku i kuhajte dok ne postane mekana, kremasta, oko 20 minuta. Maknite s vatre i umiješajte med, agavu, javorov sirup i vaniliju.
c) Za posluživanje razdijelite kvinoju u zdjelice. Prelijte dodatnim kokosovim mlijekom, kokosovim jogurtom, borovnicama, goji bobicama, sjemenkama bundeve i kokosovim pahuljicama.

17.Bundeva Lamington

SASTOJCI:
SPUŽVICA BUNDEVA:
- 2 šalice višenamjenskog brašna
- 2 žličice praška za pecivo
- 1 žličica mljevenog cimeta
- ½ žličice mljevenog đumbira
- ½ žličice mljevenog muškatnog oraščića
- ¼ žličice mljevene pimente
- ¼ žličice mljevenog kardamoma
- 1½ šalice granuliranog šećera
- 1½ šalice konzerviranog pirea od bundeve
- ½ šalice biljnog ulja neutralnog okusa (kanola ili suncokret)
- 4 žumanjka (sobne temperature)
- 4 bjelanjka (sobne temperature)

PUNJENJE:
- 1 šalica krem sira (sobne temperature)
- 2 žlice vrhnja za šlag
- 2 žlice šećera u prahu

PREMAZIVANJE:
- ⅔ šalice konzerviranog pirea od bundeve
- ¼ šalice vrhnja za šlag
- ½ žličice mljevenog muškatnog oraščića
- ½ žličice mljevenog cimeta
- 1 žličica fine soli
- 1½ šalice nasjeckane bijele couverture čokolade
- 1½ šalice mljevenih sjemenki bundeve
- ¾ šalice nezaslađenog naribanog kokosa

UPUTE:
SPUŽVICA BUNDEVA:
a) Zagrijte pećnicu na 325°F i postavite rešetku u sredinu. Obložite kalup za tortu 9" x 13" papirom za pečenje na dnu i sa strane.
b) Prosijte zajedno brašno, prašak za pecivo i začine u srednju zdjelu.
c) U drugoj posudi pjenasto izmiješajte šećer, pire od bundeve, ulje i žumanjke. Spatulom umiješajte smjesu prosijanog brašna dok se ne sjedini. Izbjegavajte pretjerano miješanje.
d) U čistoj zdjeli samostojećeg miksera ili pomoću ručnog električnog miksera mutite bjelanjke velikom brzinom dok ne postanu mekani snijeg, oko 4-5 minuta.

e) Nježno umiješajte jednu trećinu tučenih bjelanjaka u mokru smjesu od brašna dok se dobro ne sjedini. Zatim lagano umiješajte preostali meringue.
f) Ulijte tijesto u pripremljenu tepsiju i pecite 30-40 minuta, okrećući tepsiju na pola pečenja. Kolač je gotov kada tester za kolače umetnut u sredinu izađe čist. Pustite da se ohladi prije punjenja.

PUNJENJE:
g) Ručno pomiješajte sve sastojke za punjenje u srednjoj zdjeli dok se dobro ne sjedine.

PREMAZIVANJE:
h) U malom loncu pomiješajte pire od bundeve, vrhnje, začine i sol. Kuhajte na srednjoj vatri uz stalno miješanje dok ne zakuha.
i) Stavite bijelu čokoladu u posudu otpornu na toplinu. Vruću smjesu od bundeve prelijte preko čokolade. Pustite da odstoji 1-2 minute, a zatim miješajte dok ganache ne postane gladak.
j) U posebnoj zdjeli pomiješajte mljevene sjemenke bundeve i naribani kokos.

SKUPŠTINA:
k) Ohlađenu tortu vodoravno prerežite na pola. Na jednu polovicu ravnomjerno rasporedite nadjev od krem sira, a drugu polovicu stavite na vrh tako da oblikujete sendvič. Zamrznite kolač na 20-ak minuta da se stegne.
l) Kada se stegne, odrežite rubove ako je potrebno i izrežite kolač na kvadrate od 1,5 inča.
m) Topli ganache premažite kistom na svaki kvadrat torte, zatim ih premažite smjesom od sjemenki bundeve i kokosa.
n) Sastavljene kolače čuvajte u hladnjaku do 2 dana ili zamrznite do tjedan dana. Uživajte u Pumpkin Lamingtons!

18. Salata od jagoda i špinata s preljevom od margarite

SASTOJCI:

ZA PRELJEV:
- 3 žlice soka od limete
- 1-½ žlice nektara agave
- ½-1 žlica tekile
- ¼ šalice ekstra djevičanskog maslinovog ulja
- Prstohvat morske soli

ZA SALATU:
- 4-6 hrpica mladog špinata
- 1 šalica jagoda narezanih na kockice
- 1 šalica manga narezanog na kockice
- 1 avokado, narezan na kockice
- ¼ Crveni luk, narezan na ploške
- 3-4 žlice prženih sjemenki bundeve

UPUTE:

ZA PRELJEV:
a) U staklenku dodajte sastojke za preljev. Čvrsto zatvorite poklopac i dobro ga protresite. Kušajte i prilagodite začine prema ukusu. Po potrebi dodajte još soka od limete ili agave.

ZA SALATU:
b) U zdjelu ili pladanj za posluživanje stavite mladi špinat. Špinat stavite na kockice jagoda, manga, avokada, crvenog luka i sjemenki bundeve.
c) Poslužite odmah s preljevom.

SJEMENKE SUNCOKRETA

19. Mješavina za grickalice za ljetni piknik

SASTOJCI:
- 6 šalica pečenih kokica
- 1 šalica suhih višanja
- 1 šalica prezli prelivenih bijelom čokoladom
- 1 šalica suncokretovih sjemenki
- ½ šalice komadića graham krekera

UPUTE:
a) U velikoj zdjeli pomiješajte sve sastojke dok se dobro ne sjedine.
b) Poslužite odmah ili pohranite u hermetički zatvorenu posudu.

20. Barbecue Munch mješavina

SASTOJCI:
- ½ šalice kukuruznih zrna
- 1 šalica Cheerios
- 1 šalica nasjeckane pšenice veličine žlice
- 1 šalica Corn Chexa ili kukuruznih mekinja
- 1 šalica pereca
- ½ šalice suhog grilanog kikirikija
- ½ šalice sjemenki suncokreta
- 1 žlica maslaca ili margarina
- 1 žličica mljevenog čilija
- 1 žličica paprike
- 1 žličica mljevenog origana
- 1 šalica štapića sezama
- 1 žlica Worcestershire umaka
- 1 žličica Tabasco umaka

UPUTE:
a) Zagrijte roštilj na 350 stupnjeva.
b) U velikoj zdjeli za miješanje pomiješajte žitarice, prezle, bademe i sjemenke.
c) U maloj posudi pomiješajte maslac, Worcestershire, čili u prahu, origano, papriku i tabasco.
d) Temeljito umiješajte umak u smjesu žitarica.
e) Raširite na ringlu i kuhajte 15 minuta uz dva puta miješanje. Neka se ohladi.
f) Pomiješajte sa zrnjem kukuruza i štapićima sezama i poslužite.

21. Mješavina tragova suhog voća i orašastih plodova

SASTOJCI:
- ½ šalice nezaslađenog kokosa u listićima
- ½ šalice neslanih pečenih indijskih oraščića
- ½ šalice nasjeckanih blanširanih badema
- ½ šalice veganskog poluslatkog čokoladnog čipsa
- ½ šalice zaslađenih suhih brusnica
- 1/3 šalice nasjeckanog sušenog ananasa
- 1/4 šalice neslanih prženih sjemenki suncokreta

UPUTE:

a) U maloj tavi tostirajte kokos na srednjoj vatri, miješajući, dok lagano ne porumeni, 2 do 3 minute. Ostaviti sa strane da se ohladi.

b) U velikoj zdjeli pomiješajte indijske oraščiće, bademe, komadiće čokolade, brusnice, ananas i suncokretove sjemenke. Umiješajte tostirani kokos.

c) Potpuno ohladiti prije posluživanja. Ovo je najbolje kada se poslužuje isti dan kad je napravljeno.

22. Bagels od punog zrna pšenice od suncokretovih sjemenki

SASTOJCI:
- 3 šalice integralnog pšeničnog brašna
- 1 žlica aktivnog suhog kvasca
- 2 žlice meda
- 1 žličica soli
- 1 ¼ šalice tople vode
- ½ šalice sjemenki suncokreta

UPUTE:
a) U velikoj zdjeli za miješanje pomiješajte brašno, kvasac, med, sol i sjemenke suncokreta.
b) Polako dodajte toplu vodu u suhe sastojke i miješajte dok se ne formira tijesto.
c) Tijesto mijesite 10 minuta dok ne postane glatko i elastično.
d) Tijesto podijelite na 8 jednakih dijelova i svaki dio oblikujte u kuglu.
e) Kuglice od tijesta prekrijte vlažnom krpom i ostavite da odstoje 10 minuta.
f) Zagrijte pećnicu na 425°F (218°C).
g) Zakuhajte lonac vode i smanjite vatru.
h) Prstom probušite rupu u sredini svake kuglice tijesta i razvucite tijesto u obliku peciva.
i) Bagele kuhajte 1-2 minute sa svake strane.
j) Bagele stavite na lim za pečenje obložen papirom za pečenje i pecite 20-25 minuta ili dok ne porumene.

23. Cikla s gremolatom od naranče

SASTOJCI:

- 3 zlatne cikle , orezane
- 2 žlice soka od limete
- 1 žličica narančine korice
- 2 žlice suncokretovih sjemenki
- 1 žlica mljevenog peršina
- 3 žlice kozjeg sira
- 1 žlica mljevenog s dobi
- 2 žlice soka od naranče
- 1 češanj češnjaka, samljeven

UPUTE:

a) Prethodno zagrijte fritezu na 400 . Presavijte otpornu foliju oko cikle i stavite ih na pladanj u košaricu friteze.

b) Kuhajte dok ne omekša, 50 minuta . Ogulite , prepolovite i narežite ciklu ; stavite u zdjelu.

c) Dodajte sok od limete , sok od naranče i sol .

d) Pospite peršinom, kaduljom, češnjakom i koricom naranče te pospite kozjim sirom i suncokretovim jezgrama.

24. Salata od mikrozelenja od brokule sa Avokado

SASTOJCI:
- 1 šalica mikrozelenja brokule
- 1 žlica slanih sjemenki suncokreta
- ¼ avokada, narezanog na komadiće
- 2 žlice domaćeg vinaigreta
- 2 žlice humusa od limuna
- ½ šalice kimkrauta

UPUTE:
a) Pomiješajte mikrozelenje s kimkrautom, kriškama avokada i sjemenkama suncokreta na velikom pladnju.
b) Prelijte humusom i dressingom, a zatim začinite svježe mljevenim paprom.

25. Ashwagandha indijske pločice

SASTOJCI:
KORA
- ¾ šalice naribanog kokosa
- 1 ¾ šalice natopljenih aktiviranih sjemenki suncokreta
- ⅓ šalice Medjool datulja bez koštica
- 1 žličica cejlonskog cimeta
- ½ žličice morske soli
- 2 žlice hladno prešanog kokosovog ulja

PUNJENJE
- 2 šalice sirovih indijskih oraščića, namočenih preko noći
- 1 šalica naribanog kokosa
- 1 šalica kokosovog kefira
- ⅓ šalice javorovog sirupa, po ukusu
- ¼ žličice mahune vanilije
- 2 žlice svježeg soka od limuna
- 1 žličica limunove korice
- 2 žlice Ashwagandhe u prahu
- ½ žličice morske soli
- ½ žličice kurkume u prahu
- ¼ žličice crnog papra
- ¼ šalice kokosovog ulja

UPUTE:
KORA
a) U loncu rastopite svo kokosovo ulje.
b) U sjeckalici pomiješajte nasjeckani kokos, sjemenke suncokreta, Medjool datulje, cimet i morsku sol. Miješajte smjesu dok ne postane fina mrvica.
c) Polako pokapajte s 2 žlice zagrijanog kokosovog ulja. Ponovno promiješajte sastojke.
d) Ulijte smjesu za koru u obloženu tepsiju za kolače i čvrsto i ravnomjerno pritisnite da se formira korica.
e) Stavite u zamrzivač.

PUNJENJE
f) U sjeckalici pomiješajte indijske oraščiće, naribani kokos, kefir, javorov sirup, mahune vanilije, limunov sok, limunovu koricu,

ashwagandhu praha, morske soli, kurkume i crnog papra dok se ne formiraju fine mrvice.
g) Polako umiješajte otopljeno kokosovo ulje/maslac.
h) Preko kore špatulom izgrebati zlatni mliječni fil i ravnomjerno rasporediti.
i) Kalup staviti preko noći u frižider da se stegne.
j) Izvadite jelo iz hladnjaka/zamrzivača kada ste spremni za posluživanje.
k) Stavite blok na veliku dasku za rezanje i po potrebi odmrzavajte 10 do 15 minuta.
l) Ravnomjerno ga izrežite na 16 kvadrata.
m) Poslužite odmah s listićima kokosa na vrhu!

26. Amaretto kolači od sira

SASTOJCI:
- ⅓ šalice sitno samljevenih sjemenki suncokreta
- 8 unci krem sira
- 1 jaje
- ⅓ šalice nezaslađenog naribanog kokosa
- 2 žlice meda
- 2 žlice amaretto likera

UPUTE:
a) Posude dva kalupa za muffine obložite papirnatim ulošcima.
b) Pomiješajte suncokretove sjemenke i kokos.
c) Stavite 1 čajnu žličicu ove mješavine u svaku oblogu.
d) Pritisnite stražnjom stranom žlice da pokrijete dno.
e) Zagrijte pećnicu na 325F.
f) Za izradu nadjeva izrežite krem sir na 8 blokova i pomiješajte ga s jajetom, medom i amarettom u multipraktiku, blenderu ili zdjeli dok ne postane glatko i kremasto.
g) U svaku čašicu za tartlete stavite žlicu nadjeva i pecite 15 minuta

SEZAM

27. Salata od pekinških algi

SASTOJCI:
- 200 grama morske trave, natopljene 24 sata
- ¼ Krastavac prepolovite, očistite od sjemenki i narežite na kriške
- 8 crvenih rotkvica narezanih na ploške
- 75 grama rotkvice, tanko narezane
- 1 mala tikvica, tanko narezana
- 50 grama izdanaka graška
- 20 grama ružičastog đumbira
- Izbor salata
- Sjemenke crnog sezama
- 3 žlice soka limete
- 1 žlica mente, svježe nasjeckane
- 2 žlice nasjeckanog korijandera
- 1 Prstohvat pahuljica osušenog čilija
- 2 žlice svijetlog soja umaka
- 2 žlice šećera
- 6 žlica biljnog ulja
- 1 manji korijen đumbira, nariban

UPUTE:
a) Pomiješajte sve sastojke za preljev i ostavite 20 minuta te procijedite i stavite na stranu.
b) Stavite namočenu algu s ostatkom ostalih sastojaka u zdjelu.
c) Prelijte procijeđenim preljevom i ostavite da se marinira sat vremena. U salatu dodajte listove salate, začinite i poslužite.

28. Sendvič s jabukama i goji bobicama

SASTOJCI:
TAHINI:
- ½ šalice sjemenki sezama
- 1-2 žlice ulja po izboru
- 1 žlica osušenog kokosa
- 1 žlica kokosovog ulja

PRELJEV:
- 2 žlice goji bobica

UPUTE:
a) Omekšajte kokosovo ulje.
b) Pomiješajte sjemenke sezama u blenderu dok ne budu fino samljevene, dodajte 1 do 2 žlice ulja i ponovno izmiksajte dok ne dobijete glatku pastu.
c) Pomiješajte pastu od sezama s kokosovim pahuljicama i kokosovim uljem.
d) Jabuke narežite na ploške i namažite ih tahinijem. Prelijte goji bobicama.

29.Matcha mochi muffini

SASTOJCI:
- 1 štapić (½ šalice) neslanog maslaca
- 1 ½ šalice punomasnog kokosovog mlijeka (iz limenke)
- 1 limenka (1 ¼ šalice) zaslađenog kondenziranog mlijeka
- 3 jaja (sobne temperature)
- 2 žlice matcha zelenog čaja u prahu
- 1 funta mochika (ljepljivo rižino brašno ili slatko rižino brašno)
- 1 žlica praška za pecivo
- ½ šalice mlijeka (sobne temperature)
- Prstohvat soli
- 2 žlice sjemenki crnog sezama

UPUTE:
a) Otopite maslac i pomiješajte ga s kokosovim mlijekom i kondenziranim mlijekom u zdjeli samostojećeg miksera.
b) Dodajte jedno po jedno jaje muteći na srednjoj brzini.
c) Dodajte prašak za pecivo, mochiko brašno i matchu . Nastavite miksati.
d) Dodajte mlijeko i miješajte dok tijesto ne postane glatko, nalik tijestu za palačinke—ni previše tekuće ni pregusto.
e) Ostavite tijesto da odstoji 20 minuta.
f) Zagrijte pećnicu na 350°F (180°C). Temeljito namažite maslacem i pobrašnite kalup za muffine (ili upotrijebite pojedinačne kalupe prikladne za pećnicu) i napunite tijestom. Izbjegavajte korištenje papirnatih čašica za muffine kako biste omogućili da se vanjska hrskava korica razvije; mogu se zalijepiti za muffine.
g) Tijesto pospite sjemenkama sezama.
h) Pecite 45 minuta do 1 sat dok ne porumene.
i) Uživajte u Matchi Mochi muffine zagrijte ili ostavite da se ohlade prije posluživanja!

30. Sezam i makadamija Mjesečeve kolače od snježne kože

SASTOJCI:
SNJEŽNA KOŽA:
- 40 g (⅓ šalice) ljepljivog rižinog brašna
- 40 g (⅓ šalice) rižinog brašna
- 20 g (1 ½ žlica) kukuruznog škroba
- 50 g (½ šalice) šećera u prahu
- 130 g (½ šalice + 2 žlice) mlijeka
- 20 g (1 žlica) zaslađenog kondenziranog mlijeka
- 30 g (2 žlice) neslanog maslaca, otopljenog
- Prstohvat soli
- Prirodna prehrambena boja za snježnu kožu: Plava spirulina u prahu, Svježi sok od cikle, Matcha prah

KUHANA LJEPLJIVA RIŽINA BRAŠNO:
- 40 g (⅓ šalice) ljepljivog rižinog brašna

PUNJENJE:
- 160 g (1 ⅓ šalice) prženih sjemenki bijelog sezama
- 25 g (2 žlice) bijelog šećera u prahu
- 15 g (1 žlica) neslanog maslaca
- 40 g (2 žlice) meda
- Prstohvat soli
- 20 g (2 žlice) brašna od kuhane ljepljive riže
- 80 g (½ šalice) nasjeckanih prženih oraha makadamije

UPUTE:
SNJEŽNA KOŽA:
a) Lonac na pari napunite vodom i zakuhajte na jakoj vatri.
b) U zdjeli pomiješajte ljepljivo rižino brašno, rižino brašno, kukuruzni škrob, šećer u prahu, sol, mlijeko, otopljeni neslani maslac i zaslađeno kondenzirano mlijeko dok smjesa ne postane glatka.
c) Propasirajte tijesto kroz sito i prebacite ga u zdjelu koja se može kuhati na pari.
d) Kuhajte tijesto od snježne kože u pripremljenoj posudi na srednjoj vatri 20 minuta. Ostaviti sa strane da se ohladi.

KUHANA LJEPLJIVA RIŽINA BRAŠNO:
e) Kuhajte ljepljivo rižino brašno na srednje jakoj vatri dok blago ne požuti. Ostaviti sa strane da se ohladi.

PUNJENJE:
f) Miješajte pržene sjemenke bijelog sezama dok ne nastane tekuća pasta.
g) Dodajte preostale sastojke za nadjev (osim makadamija oraha) i miješajte dok se ne sjedine.
h) Nadjev prebacite u zdjelu, dodajte nasjeckane makadamije i izrežite na kuglice od 25 g. Ohladite u hladnjaku najmanje 3 sata.
i) Ohlađenu snježnu koru umijesite na plastičnu foliju dok ne postane glatka i jednolična.
j) Podijelite i obojite snježnu kožu bojom za hranu. Dobro zamotajte i ostavite u hladnjaku najmanje 3 sata.

SKUPŠTINA:
k) Čvrsta snježna koža se mramorira u komade od 25 g kako bi se oblikovala lopta. Pospite brašnom od kuhane ljepljive riže.
l) Zamotajte nadjev u spljošteni komad snježne kože, potpuno zatvorite i oblikujte s minimalnom količinom brašna kuhane ljepljive riže.
m) Neprešani mjesečev kolač lagano pospite brašnom od kuhane ljepljive riže, oblikujte ga dlanovima i čvrsto pritisnite na kalup za mjesečev kolač. Otpustite da biste otkrili gotov proizvod.
n) Prije konzumiranja ohladite par sati. Uživati!

SJEME DINJE

31. Salata od kruške i oraha

SASTOJCI:
ZA SALATU:
- 3 šalice zelene salate (rikula, zelena salata, itd.)
- 2 kruške, narezane na kriške
- 1 mali crveni luk, narezan na ploške
- 1 šalica oraha, grubo nasjeckanog
- ½ šalice sjemenki dinje

ZA PRELJEV ZA SALATU:
- 1 žlica senfa od cjelovitog zrna
- 3 žlice maslinovog ulja
- 2 žlice octa
- 2 žlice meda
- ½ žličice kajenskog papra
- Posolite po ukusu

UPUTE:
PRIPREMITE PRELJEV ZA SALATU:
a) U blenderu pomiješajte senf od cijelog zrna, maslinovo ulje, ocat, med, kajenski papar i sol.
b) Miješajte oko minutu dok se preljev ne emulgira i postane kremast.

SASTAVITE SALATU:
c) U velikoj zdjeli pomiješajte zelenu salatu (kao što je rikula ili zelena salata), narezane kruške, narezani crveni luk, nasjeckane orahe i sjemenke dinje.
d) U sastojke za salatu dodajte 3-4 žlice pripremljenog preljeva za salatu.
e) Dobro izmiješajte dok se sve ravnomjerno ne prekrije preljevom.
f) Salatu od kruške i oraha poslužite odmah dok je svježa i hrskava.

32.Mooncakes od tamne čokolade i kave

SASTOJCI:
- 113 g višenamjenskog brašna
- 18 g tamnog kakaa u prahu
- 85 g zlatnog sirupa
- 25 g kukuruznog ulja
- ½ žličice alkalne vode

PUNJENJE:
- Lotus pasta od kave
- Pečene sjemenke dinje (12 x 25g svaka)

UPUTE:

PRIPREMITI TIJESTO:
a) Pomiješajte sve sastojke kako biste formirali tijesto.
b) Odmorite tijesto 30 minuta i podijelite ga na 12 dijelova.

SKUPŠTINA:
c) Svaki dio tijesta poravnajte.
d) Svaki dio zamotajte oko nadjeva od paste lotosa od kave i pečenih sjemenki dinje (25 g svaki).
e) Napunjeno tijesto utisnite u kalupe za mooncake i izvadite na obloženu tepsiju.

PEČENJE:
f) Pecite u prethodno zagrijanoj pećnici na 160°C 10 minuta.
g) Izvadite iz pećnice i ohladite 10 minuta.
h) Vratite u pećnicu i pecite još 10-15 minuta.
i) Nakon pečenja, ostavite mjesečeve kolače da se potpuno ohlade prije posluživanja.

33.Blue Lotus Mooncakes

SASTOJCI:
LOTOS MOONCAKE:
- 100 g ljepljivog rižinog brašna
- 100 g šećera u prahu
- 2 žlice masti
- tekućine plavog lotosa ili pandana
- Dodatno brašno za valjanje i za kalup za mooncake

PASTA SJEMENA LOTOSA:
- 600 g sjemenki lotosa s korom, opranih
- 1 žlica alkalne vode
- 390 g šećera
- 300 g ulja od kikirikija
- 50 g maltoze
- 60 g sjemenki dinje, pržene dok ne porumene
- Voda (dovoljno da pokrije lotosove sjemenke u posudi)
- 60 g sjemenki dinje

UPUTE:
ZA PASTE LOTOSOVIH SJEMENI:
a) Zakuhajte vodu , dodajte alkalnu vodu i sjemenke lotosa. Kuhajte 10 min . Odbacite kipuću vodu.
b) Uklonite kožu sa sjemenki lotosa trljajući ih pod tekućom vodom. Uklonite vrhove i stabljike.
c) Dodajte dovoljno vode da pokrije lotosove sjemenke i kuhajte dok ne omekšaju. Pasirajte sjemenke lotosa u serijama.
d) Prelijte wok uljem od kikirikija na laganoj vatri i dodajte ¼ šalice šećera. Pržite dok se šećer ne otopi i ne dobije zlatnu boju.
e) Dodajte pire od lotosovih sjemenki i preostali šećer. Miješajte dok se gotovo ne osuši. Postupno dodajte ulje, miješajući dok se pasta ne zgusne.
f) Dodajte maltozu i miješajte dok pasta ne odstupi od stijenki woka. Ohladite pa dodajte pečene sjemenke dinje.

ZA MJESEČEVE TORTE:
g) Ulijte rižino brašno u veliku metalnu posudu, napravite udubljenje i dodajte šećer u prahu i mast. Trljajte dok se ne sjedini.

h) Dodajte tekućinu plavog lotosa (ili pandan). Lagano miješajte dok se ne sjedini ; nemojte pretjerano raditi.
i) Uzmite kuglicu paste od lotosovih sjemenki, gurnite rupu u sredini i brzo umetnite posoljeno jaje. Prekrijte pastom od lotosovih sjemenki.
j) Mjesečevo tijesto razvaljajte u cjepanicu i narežite na jednake komade. Svaki dio razvaljati.
k) Stavite kuglicu paste od lotosovih sjemenki u sredinu i okrećite lotosovu pastu u jednom smjeru, a tijesto u drugom dok se ne prekrije.
l) Lagano pobrašnite kalup za mooncake i kuglicu za mooncake pa utisnite u kalup.
m) Lagano lupkajte kalupom o tvrdu površinu dok mjesečev kolač ne izađe van.

34.Mjesečev kolač od bijele kave

SASTOJCI:
ZA KOŽU:
- 200 g niskoproteinskog brašna
- 25 g (1 paket) Super 3-u-1 mješavine bijele kave
- 160 g zlatnog sirupa (70 g zlatnog sirupa + 90 g kukuruznog sirupa)
- 42 g ulja kanole
- 4 ml alkalne vode

ZA NADJEV/PAŠTU:
- 1 kg Lotus paste od mung graha (kupuje se u trgovini)
- 3 žlice sjemenki dinje
- Posoljeni žumanjci (po želji)
- Pranje jaja (za premazivanje)

UPUTE:
PRIPREMITI TIJESTO:
a) Pomiješajte sve sastojke (A) i izmiješajte da dobijete glatko tijesto.
b) Pokrijte prozirnom folijom i ostavite u hladnjaku 2 dana.

PRIPREMITE NADJEV/PASTU:
c) Pomiješajte sjemenke dinje s pastom od lotosa (B) dok se ne ujednače.
d) Nadjev podijeliti na komade od 75-80g i oblikovati okrugle kuglice. Staviti na stranu.
e) Ako koristite slane žumanjke, stavite po jedan u sredinu svakog dijela paste od lotosa.

SKUPŠTINA:
f) Radni stol pobrašniti.
g) Ohlađeno tijesto podijelite na dijelove od 35 g i oblikujte okrugle kuglice.
h) Svaku kuglicu tijesta spljoštite i u sredinu stavite dio nadjeva.
i) Tijesto zamotati preko nadjeva i oblikovati okruglu kuglu.
j) Četvrtasti kalup za mooncake veličine 6cmx6cmx3.5cmH pospite brašnom i pobrašnite zamotano tijesto.
k) Čvrsto utisnite kuglicu u kalup i nježno je udarite/iztisnite na pleh obložen neprianjajućom podlogom za pečenje ili papirom za pečenje.

PEČENJE:

l) Mjesečeve kolače prije pečenja lagano poprskajte vodom.
m) Pecite u prethodno zagrijanoj pećnici na 175°C 10 minuta.
n) Izvadite pleh iz pećnice i ostavite mjesečeve kolače da se ohlade 10-15 minuta.
o) Nanesite sredstvo za pranje jaja na vrh svake mjesečeve torte.
p) Premjestite mjesečeve kolače natrag u pećnicu i pecite još 13-15 minuta dok ne porumene.
q) Čuvajte mjesečeve kolače u hermetički zatvorenoj posudi najmanje 2 dana kako bi (omekšali) prije posluživanja.

35. Kahlua mjesečev kolač od snježne kože

SASTOJCI:
ZA SNJEŽNO TIJESTO:
- 65 g kuhanog ljepljivog brašna
- 17,5 g pšeničnog škroba (pomiješajte s finim brašnom i kuhajte na pari 3 min . Pustite da se ohladi i prosijte)
- 17,5 g finog brašna
- 60 g šećera u prahu
- 25g masti
- 65 g vruće vode (otopiti granule kave)
- 1,5 žličica granula kave (Ostavite da se ohladi)
- 2 žličice Kahlua likera

PUNJENJE:
- 250 g paste od lotosa (kupite u trgovini)
- Za kalup od 50g tijesto je 25g
- 10g sjemenki dinje malo tostirane, a nadjev također 25g

UPUTE:
ZA SNJEŽNO TIJESTO:
a) Pomiješajte kuhano ljepljivo brašno, pšenični škrob i fino brašno.
b) Kuhajte smjesu na pari 3 minute.
c) Ostavite da se ohladi i prosijte kako biste osigurali glatku teksturu.
d) Otopite granule kave u vrućoj vodi i ostavite da se ohlade.

NAPRAVITE TIJESTO:
e) U zdjeli za miješanje pomiješajte smjesu kuhanu na pari, šećer u prahu, mast, ohlađenu smjesu kave i Kahlua liker.
f) ne formira mekano i podatno tijesto .
g) Podijelite tijesto na dijelove od 25 g.

ZA NADJEV:
h) Uzmite 250 g lotosove paste iz trgovine.
i) Lotus pastu podijelite na dijelove od 25 g za kalup od 50 g.

SASTAVITE MJESEČEVE TORTE:
j) Poravnajte dio tijesta.
k) Stavite dio paste od lotosa (25 g) u sredinu.
l) Dodajte 10 g blago prženih sjemenki dinje na vrh paste od lotosa.
m) Umotajte nadjev u tijesto od snježne kože, pazeći da je dobro zatvoreno .

n) Sastavljeno tijesto razvaljajte u kuglu.
o) Ponovite postupak za preostalo tijesto i nadjev.
p) Sastavljene mjesečeve kolače stavite u hladnjak da se ohlade najmanje 2 sata ili dok se snježna koža ne stegne.
q) Nakon što se ohlade, Kahlua Snow Skin Mooncakes spremni su za posluživanje .

CHIA SJEMENKE

36.Spirulina kolačići

SASTOJCI:
- 1 žlica Chia sjemenki
- 100 g veganskog maslaca
- 50 g bijelog šećera
- 50 g smeđeg šećera
- 1 žličica ekstrakta vanilije
- 100 g bezglutenskog brašna
- 10 g kukuruznog brašna
- ½ žličice sode bikarbone
- 1,5 žlica spiruline u prahu
- ¼ žličice soli
- 50 g bijele čokolade ili makadamija oraha

UPUTE:
a) Zagrijte pećnicu na 200°C / 350°F / 160°C s ventilatorom.
b) Napravite chia jaje tako što ćete chia sjemenkama dodati dvije i pol žlice vruće vode , dobro promiješati i ostaviti sa strane.
c) Otopite maslac u loncu ili mikrovalnoj pećnici. Dodajte šećer i miješajte dok ne postane glatko.
d) Dodajte chia jaje i vaniliju svom maslacu i šećeru i dobro promiješajte.
e) U veliku zdjelu za miješanje prosijte brašno, kukuruzni škrob, sodu bikarbonu, spirulinu i sol i miješajte dok se ne sjedine.
f) Ulijte mokru smjesu i dobro promiješajte.
g) Presavijte svoje komadiće čokolade.
h) Oblikujte 8 kuglica i stavite ih na lim obložen papirom za pečenje. Ostavite oko 4cm između svake kuglice.
i) Pecite 10 do 12 minuta dok rubovi ne počnu hrskati .

37. Butterfly Pea Overnight Oats

SASTOJCI:
ZOB PREKO NOĆI
- ¼ šalice zobi
- 1 šalica mlijeka po izboru
- 1 žlica Chia sjemenki
- 1 proteinski prah po izboru
- 3 žlice Butterfly Pea tekućine

ČAJ OD CVIJETA LEPTIROVOG GRAŠKA
- 1 žlica osušenih cvjetova graška
- 6 šalica tople vode

UPUTE:
a) Prvo skuhajte čaj od leptir graška.
b) Jednostavno pronađite veliki vrč, dodajte svoje osušene cvjetove leptir graška u njega i dodajte vruću vodu.
c) Neka čaj odstoji najmanje sat vremena prije upotrebe. Slobodno mu dodajte zaslađivač po želji.
d) Zgrabite staklenku.
e) Dodajte sve sastojke u staklenku, osim čaja od leptir graška, i dobro promiješajte.
f) Pustite minutu ili dvije da odstoji i jednostavno nakapajte čaj u staklenku. Smjestit će se na dno, pružajući efekt slojeva.
g) Stavite teglu u hladnjak preko noći.
h) Dodajte preljeve po želji i uživajte!

38. Matcha I Butterfly Pea Smoothie Bowl

SASTOJCI:
- 1 šalica špinata
- 1 smrznuta banana
- ½ šalice ananasa
- ½ žličice visokokvalitetnog matcha praha
- ½ žličice ekstrakta vanilije
- ⅓ šalice nezaslađenog bademovog mlijeka

PRELJEV
- Kovnica
- Kivi
- Borovnice
- Chia sjemenke
- Osušeni cvjetovi leptir graška

UPUTE:
a) Stavite sve sastojke za smoothie u blender.
b) Pusirajte dok ne postane glatko i kremasto.
c) Ulijte smoothie u posudu.
d) Pospite preljevom i odmah jedite.

39. B leptir Pea G laze d Uštipci

SASTOJCI:
KRAFNA :
- 1 zgnječena banana
- 1 šalica nezaslađenog umaka od jabuka
- 1 jaje ili 1 žlica chia sjemenki pomiješanih s vodom
- 50 g otopljenog kokosovog ulja
- 4 žlice meda ili nektar sirupa od agave
- 1 žlica vanilije
- 1 žličica cimeta
- 150 g heljdinog brašna
- 1 žličica praška za pecivo

GLAZURA OD LEPTIROG GRAŠKA:
- 1/2 šalice indijskih oraščića, namočenih 4 sata
- 1 šalica bademovog mlijeka
- 40 cvjetova čaja od leptir graška
- 1 žlica agava nektar sirupa
- 1 žlica esencije vanilije

UPUTE:
NAPRAVITI KRAFNE:
a) Pomiješajte sve suhe sastojke.
b) Pomiješajte sve mokre sastojke.
c) Dodajte mokro u suho pa prebacite u kalupe za krafne.
d) Peći na 160 stupnjeva 15 minuta.

NAPRAVITI GLAZURU:
e) Indijske oraščiće izmiksajte u multipraktiku dok smjesa ne postane glatka.
f) U loncu zagrijte bademovo mlijeko i dodajte čaj. Pirjati na laganoj vatri 10 minuta.
g) Dodajte mlijeko od plavog badema u izmiksane indijske oraščiće, dodajte nektar agave i esenciju vanilije i ponovno miješajte dok se ne sjedini.
h) Držite u hladnjaku dok se krafne ne skuhaju i ohlade.
i) Ukrasite krafne glazurom i dodatnim cvjetovima!
j) Ove krafne su veganske i ne sadrže gluten i rafinirani šećer – tako da zaista nema potrebe za suzdržavanjem: samo naprijed i pojedite ih sve!

40.Beksić od brusnice i chia sjemenki

SASTOJCI:
- 2 šalice višenamjenskog brašna
- 1 žličica praška za pecivo
- ½ žličice soli
- ½ šalice neslanog maslaca, omekšalog
- 1 šalica granuliranog šećera
- 2 velika jaja
- 1 žlica ekstrakta vanilije
- ¼ šalice chia sjemenki
- ¼ šalice sušenih brusnica
- ¼ šalice nasjeckanih badema

UPUTE:
a) Zagrijte pećnicu na 350°F (175°C). Obložite veliki pleh papirom za pečenje.
b) U srednjoj posudi pomiješajte brašno, prašak za pecivo i sol dok se dobro ne sjedine.
c) U zasebnoj velikoj zdjeli za miješanje električnom miješalicom izmiksajte maslac i šećer dok ne postanu svijetli i pjenasti, oko 2-3 minute.
d) Umutite jaja, jedno po jedno, a zatim i ekstrakt vanilije.
e) Postupno umiješajte suhe sastojke, lopaticom sjedinite dok se tijesto ne sjedini.
f) Umiješajte chia sjemenke, sušene brusnice i nasjeckane bademe dok se ravnomjerno ne rasporede po tijestu.
g) Podijelite tijesto na dva jednaka dijela i svaki oblikujte u cjepanicu dugu otprilike 12 in široku 2 inča.
h) Stavite cjepanice na pripremljeni lim za pečenje i pecite 25-30 minuta ili dok ne budu čvrste na dodir.
i) Izvadite cjepanice iz pećnice i ostavite ih da se ohlade na limu za pečenje 5-10 minuta.
j) Nazubljenim nožem izrežite cjepanice na kriške debljine ½ inča i stavite ih natrag na lim za pečenje, s prerezanom stranom prema dolje.
k) Vratite biskote u pećnicu i pecite ih još 10-15 minuta ili dok ne postanu hrskavi i suhi.
l) Ostavite biskote da se potpuno ohlade na rešetki prije posluživanja.

41. Chia puding od bazge

SASTOJCI:
- ¼ šalice chia sjemenki
- 1 šalica mlijeka (mliječnog ili biljnog)
- 2 žlice sirupa od cvijeta bazge ili koncentrata čaja od cvijeta bazge
- 1 žlica meda ili zaslađivača po izboru
- Svježe voće, orašasti plodovi ili granola za preljev

UPUTE:
a) U teglici ili posudi pomiješajte chia sjemenke, mlijeko, sirup od bazge ili koncentrat čaja i med.
b) Dobro promiješajte da se sjedine i osigurajte da su chia sjemenke ravnomjerno raspoređene.
c) Staklenku poklopite i stavite u hladnjak na najmanje 2 sata ili preko noći, dok se smjesa ne zgusne i postane poput pudinga.
d) Promiješajte smjesu jednom ili dvaput tijekom vremena hlađenja kako biste spriječili stvaranje grudica.
e) Chia puding Elderflower poslužite ohlađen i preliven svježim voćem, orašastim plodovima ili granolom za dodatnu teksturu i okus.

42. Zdjela za smoothie od cvijeta bazge

SASTOJCI:

- 1 smrznuta banana
- ½ šalice smrznutog bobičastog voća (kao što su jagode, maline ili borovnice)
- ¼ šalice čaja od bazge (jako skuhanog i ohlađenog)
- ¼ šalice grčkog jogurta ili biljnog jogurta
- 1 žlica chia sjemenki
- Dodaci: narezano voće, granola, ljuskice kokosa, orašasti plodovi itd.

UPUTE:

a) U blenderu pomiješajte smrznutu bananu, smrznuto bobičasto voće, čaj od bazge, grčki jogurt i chia sjemenke.
b) Miješajte dok ne postane glatko i kremasto. Ako je potrebno, dodajte još malo čaja od bazge ili vode kako biste postigli željenu gustoću.
c) Ulijte smoothie u posudu.
d) Prelijte narezanim voćem, granolom, kokosovim pahuljicama, orašastim plodovima ili bilo kojim drugim nadjevom po želji.
e) Uživajte u osvježavajućem i živopisnom smoothieju od cvijeta bazge kao hranjivom doručku.

43.Chia džem od bazge

SASTOJCI:
- 2 šalice svježeg ili smrznutog bobičastog voća (kao što su jagode, maline ili borovnice)
- ¼ šalice sirupa od bazge
- 2 žlice chia sjemenki
- 1 žlica meda ili zaslađivača po izboru (po želji)

UPUTE:
a) U loncu pomiješajte bobičasto voće i sirup od bazge ili koncentrat čaja.
b) Pustite smjesu da lagano kuha na srednjoj vatri, povremeno miješajući i gnječite bobičasto voće žlicom ili vilicom.
c) Kuhajte bobice oko 5-10 minuta, ili dok se ne raspadnu i puste sok.
d) Umiješajte chia sjemenke i med ili zaslađivač (ako koristite) i nastavite kuhati još 5 minuta uz često miješanje dok se džem ne zgusne.
e) Maknite lonac s vatre i ostavite džem da se ohladi nekoliko minuta.
f) Prebacite chia džem od cvijeta bazge u staklenku ili spremnik i stavite u hladnjak dok ne dobije konzistenciju koja se može mazati.
g) Namažite chia džem od cvijeta bazge na tost ili pecivo ili ga koristite kao preljev za palačinke ili zobene pahuljice za voćni i cvjetni štih vašeg doručka.

44. Energetski ugrizi hibiskusa

SASTOJCI:
- 1 šalica datulja bez koštica
- ½ šalice badema
- ¼ šalice koncentrata čaja od hibiskusa
- 2 žlice chia sjemenki
- 2 žlice naribanog kokosa
- Po želji: kakao prah ili mljeveni orasi za premazivanje

UPUTE:
a) U sjeckalici izmiksajte datulje i bademe dok ne postanu ljepljiva smjesa.
b) Dodajte koncentrat čaja od hibiskusa, chia sjemenke i nasjeckani kokos u multipraktik. Ponovno miješajte dok se dobro ne sjedini.
c) Od smjese uzimajte male dijelove i razvaljajte ih u kuglice veličine zalogaja.
d) Po želji: energetske zalogaje uvaljajte u kakao prah ili mljevene orahe za premazivanje.
e) Stavite energetske zalogaje u hermetički zatvorenu posudu i ostavite u hladnjaku najmanje 30 minuta da se stegne.

45.Mason Jar Chia pudinzi

SASTOJCI:
- 1 ¼ šalice 2% mlijeka
- 1 šalica 2% običnog grčkog jogurta
- ½ šalice chia sjemenki
- 2 žlice meda
- 2 žlice šećera
- 1 žlica narančine korice
- 2 žličice ekstrakta vanilije
- ¾ šalice razrezane naranče
- ¾ šalice segmentiranih mandarina
- ½ šalice segmentiranog grejpa

UPUTE:
a) U velikoj zdjeli pomiješajte mlijeko, grčki jogurt, chia sjemenke, med, šećer, narančinu koricu, vaniliju i sol dok se dobro ne sjedine.
b) Ravnomjerno podijelite smjesu u četiri staklenke (16 unci). Ostavite u hladnjaku preko noći, ili do 5 dana.
c) Poslužite hladno, preliveno narančama, mandarinama i grejpom.

46.Matcha Zob za noćenje

SASTOJCI:
- ½ šalice starinske zobi
- ½ šalice mlijeka ili alternativnog mlijeka po izboru
- ¼ šalice grčkog jogurta
- 1 žličica matcha praha
- 2 žličice chia sjemenki
- 1 žličica meda
- malo ekstrakta vanilije

UPUTE:
a) Izmjerite sve sastojke u staklenku ili zdjelu i dobro promiješajte.
b) Ohladite i uživajte sljedeće jutro!

47.Matcha smoothie od avokada

SASTOJCI:
- ½ avokada, oguljenog i narezanog na kockice
- ⅓ krastavca
- 2 šalice špinata
- 1 šalica kokosovog mlijeka
- 1 šalica bademovog mlijeka
- 1 žličica matcha praha
- ½ soka od limete
- ½ mjerice proteinskog praha vanilije
- ½ žličice chia sjemenki

UPUTE:
a) Meso avokada pomiješajte s krastavcem i ostalim sastojcima u blenderu dok ne postane glatko.
b) Poslužiti.

48. Staklenke za parfe od kruške i pistacija

SASTOJCI:
CHIA PUDING OD KRUŠKE:
- ¼ šalice pirea od kruške
- ⅓ šalice nezaslađenog mlijeka od vanilije ili običnog bademovog mlijeka
- 3 žlice chia sjemenki
- Puding od kruške i avokada:
- 1 zreli avokado
- 1-2 žličice meda ili kokosovog nektara, ovisno o željenoj slatkoći
- 2 žlice pirea od kruške

PREOSTALI SLOJEVI I UKRASI:
- ½ šalice vaše omiljene granole
- ½ šalice običnog kokosovog jogurta ili grčkog jogurta od vanilije
- ¼ šalice nasjeckane svježe kruške
- 2 žlice nasjeckanih pistacija
- 2 žličice meda ili kokosovog nektara

UPUTE:
a) Započnite s pripremom chia pudinga od kruške dodavanjem svih sastojaka u zdjelu, miješanjem dok se dobro ne sjedine, a zatim ostavite u hladnjaku 15-20 minuta da se zgusne.

b) Zatim pripremite puding od kruške od avokada dodavanjem svih sastojaka u mali procesor za hranu ili baby bullet i miksajte dok smjesa ne postane glatka. Isprobajte okus i dodajte još meda/kokosovog nektara ako više volite da puding od avokada bude slađi.

c) Kada se chia puding zgusne, promiješajte ga još jednom i spremni ste za slaganje svih sastojaka.

d) U dvije staklenke od 8 unci razdijelite granolu, jogurt, chia puding i puding od avokada, rasporedite ih u bilo koji sloj između dvije staklenke.

e) Završite tako da svaku staklenku prelijete s 2 žlice nasjeckane svježe kruške i 1 žlicom nasjeckanih pistacija, a zatim pokapajte svaku staklenku s 1 žličicom meda ili kokosovog nektara.

SJEMENKE LANA/LANE

49. Veganske mesne okruglice u pećnici

SASTOJCI:
- 1 žlica mljevenih sjemenki lana
- ¼ šalice + 3 žlice juhe od povrća
- 1 veliki luk, oguljen i narezan na četvrtine
- 2 češnja češnjaka, oguljena
- 1½ polpete od mesa biljke
- 1 šalica krušnih mrvica
- ½ šalice veganskog parmezana
- 2 žlice svježeg peršina, sitno nasjeckanog
- Sol i papar, po ukusu
- Ulje za kuhanje u spreju

UPUTE:
a) Dodajte luk i češnjak u kuhinjski procesor i pržite dok ne postane pire.
b) U veliku zdjelu za miješanje dodajte laneno jaje, ¼ šalice povrtne juhe, pasirani luk i češnjak, biljno meso Impossible meatballs, krušne mrvice, veganski parmezan, peršin i prstohvat soli i papra.
c) Dobro izmiješajte da se sjedini.
d) Od veganske smjese za mesne okruglice oblikujte 32 kuglice.
e) P ložite veganske polpete na obloženu tepsiju i pecite u pećnici oko 10 minuta, ili dok ne porumene.

50.Okrugli biskvit s vlaknima

SASTOJCI:
- 2 žlice lanenih sjemenki
- 2 žlice pšeničnih klica
- ⅔ šalice Carbquika
- ¼ šalice pšeničnog brašna s visokim sadržajem glutena
- 2 žlice maslaca, sobne temperature
- Otprilike 1 šalica vode

UPUTE:
a) Sjemenke lana i pšenične klice sameljite u mlinu za kavu ili sličnom aparatu do brašnaste konzistencije.
b) U zdjeli za miješanje vilicom pomiješajte Carbquik i pšenično brašno s visokim sadržajem glutena. Dodajte mljevene sjemenke lana i brašno od pšeničnih klica i dobro promiješajte.
c) Maslac sobne temperature narežite na suhe sastojke, miksajte dok ne postane nalik na grube mrvice.
d) Smjesi postupno dodajte ¾ vruće vode iz slavine, dobro promiješajte da dobijete tijesto. Nastavite dodavati malo vode po potrebi dok tijesto ne dobije konzistenciju svijetlog tijesta za biskvit.
e) Namašćenim rukama podijelite tijesto na 10 jednakih loptica, otprilike veličine oraha.
f) Pritisnite svaku lopticu na podmazan lim za pečenje ili nepodmazan kamen za pečenje kako biste oblikovali krugove od 4 inča.
g) Pecite u prethodno zagrijanoj pećnici na 350ºF (175ºC) dok rubovi jedva počnu rumeniti.
h) Krugove biskvita odmah izvadite iz pećnice i lima za pečenje ili kamena da se ohlade.
i) Nakon što se ohlade, uživajte u svojim domaćim Carbquik fiber keksima!

51.Kutija za ručak s čokoladnim kolačićima

SASTOJCI:
- ⅓ šalice nezaslađenog umaka od jabuka
- ⅓ šalice maslaca od badema
- ½ šalice suhog zaslađivača
- 1 žlica mljevenih sjemenki lana
- 2 žličice čistog ekstrakta vanilije
- 1⅓ šalice zobenog brašna
- ½ žličice sode bikarbone
- ½ žličice soli
- ¼ šalice sirkovog brašna ili brašna od tijesta od cjelovitog zrna pšenice
- ½ šalice komadića čokolade zaslađene žitaricama

UPUTE:
a) Zagrijte pećnicu na 350°F. Dva velika lima za pečenje obložite papirom za pečenje ili Silpat podloškama za pečenje.
b) U velikoj zdjeli za miješanje snažnom vilicom izmiješajte umak od jabuka, maslac od badema, suhi zaslađivač i sjemenke lana. Kad smjesa postane relativno glatka, umiješajte vaniliju.
c) Dodajte zobeno brašno, sodu bikarbonu i sol i dobro promiješajte. Dodajte sirkovo brašno i komadiće čokolade i dobro promiješajte.
d) Ubacite žlice tijesta na pripremljene limove za pečenje u žlicama od oko 1½ žlice, oko 2 inča jedna od druge. Kolačiće malo spljoštite, da budu poput debelih diskova (neće se uopće puno raširiti tijekom pečenja). Pecite 8 do 10 minuta. Što ih duže pečete bit će hrskaviji.
e) Izvadite kolačiće iz pećnice i ostavite ih da se ohlade na listovima 5 minuta, zatim ih prebacite na rešetku da se potpuno ohlade.

52. Fonio & Moringa krekeri

SASTOJCI:
ZA KREKERE:
- 3/4 šalice Fonio Super-Grain, umiješanog u brašno
- 1 žličica moringe u prahu
- 1 šalica sjemenki bundeve
- 3/4 šalice suncokretovih sjemenki
- 1/2 šalice lanenih sjemenki, cijelih sjemenki
- 1/2 šalice chia sjemenki
- 1/3 šalice brze zobene pahuljice bez glutena
- 2 žlice maka
- 1/2 žličice soli
- 1/2 žličice papra
- 1/4 žličice kurkume u prahu
- 2 žlice čili maslinovog ulja, ili običnog maslinovog ulja
- 1/2 šalice vode

ZA DASKU OD SIRA:
- orasi
- Suho voće
- Svježe voće
- Veganski sir

UPUTE:
a) Zagrijte pećnicu na 190°. Pomiješajte sve suhe sastojke u zdjeli.
b) Dodati maslinovo ulje i vodu, te dobro sjediniti dok se ne dobije tijesto.
c) Smjesu podijeliti na dva dijela. Uzmite jednu polovicu i stavite između dva komada papira za pečenje i razvaljajte tijesto, cca. debljine 2-3 mm.
d) Izrežite na željeni oblik i premjestite ih na tepsiju. Ponovite korake s drugom polovicom tijesta. Pecite 20-25 minuta ili dok rubovi ne porumene.
e) Ostaviti da se ohladi 10min. Poslužite uz izbor voća, orašastih plodova, sireva i umaka.

53. Energetski zalogaji bez pečenja s Nutellom

SASTOJCI:
- 1 šalica starinske, valjane zobi
- ½ šalice hrskavih rižinih pahuljica ili nasjeckanog kokosa
- ½ šalice Nutelle
- ¼ šalice maslaca od kikirikija
- ½ šalice mljevenog lanenog sjemena
- ⅓ šalice meda
- 1 žlica kokosovog ulja
- 1 žličica vanilije
- ½ šalice komadića čokolade

UPUTE:
a) Pomiješajte zobene zobi, hrskave rižine pahuljice, Nutellu, maslac od kikirikija, mljevene sjemenke lana, med, vaniliju, kokosovo ulje i male komadiće čokolade.
b) Grabite smjesu u male kuglice od otprilike 1 žlice svake. Stavite kuglice na papir za pečenje.
c) Rukama ih uvaljajte u zbijene kuglice. Stavite u hladnjak da se stegne.

54.Jabuka Borovnica Orah Crisp

SASTOJCI:
PUNJENJE:
- 3 velike crvene ili zlatne delišes jabuke, oguljene i narezane na ploške
- 2 žlice pakiranog smeđeg šećera
- 2 žlice integralnog pšeničnog brašna
- 1 žličica ekstrakta vanilije
- ½ žličice mljevenog cimeta
- ½ litre borovnica (1 šalica)

HRSKAVI PRELJEV:
- ¾ šalice oraha, vrlo sitno nasjeckanih
- ¼ šalice starinske zobi ili zobi koja se brzo kuha
- 2 žlice pakiranog smeđeg šećera
- 2 žlice integralnog pšeničnog brašna
- 2 žlice mljevenog lanenog sjemena
- ½ žličice mljevenog cimeta
- ⅛ žličice soli
- 2 žlice uljane repice

UPUTE:
a) Zagrijte pećnicu na 400°F.
b) Pomiješajte jabuke, smeđi šećer, brašno, vaniliju i cimet u velikoj zdjeli i pomiješajte. Lagano ubacite borovnice. Stavite smjesu od jabuka u posudu za pečenje 8 x 8 inča i ostavite sa strane.
c) Da biste napravili preljev, pomiješajte orahe, zob, smeđi šećer, integralno pšenično brašno, laneno sjeme, cimet i sol u srednjoj posudi.
d) Dodajte ulje kanole i miješajte dok se suhi sastojci dobro ne prekriju .
e) Preljev ravnomjerno rasporedite po voćnoj smjesi.
f) Pecite 40 do 45 minuta ili dok voće ne omekša, a preljev ne porumeni (pokrijte folijom ako preljev prebrzo porumeni).

55. Smoothie za čišćenje od bobica i blitve

SASTOJCI:
- 3 lista blitve bez peteljki
- ¼ šalice smrznutih brusnica
- Voda, 1 šalica
- mljevenog lanenog sjemena, 2 žlice
- 1 šalica malina
- 2 Medjool datulje bez koštica

UPUTE:
a) Stavite sve komponente u blender i miksajte dok ne postane potpuno glatka.

SJEMENKE KARDAMOMA

56.Indijski Masala Chai Affogato

SASTOJCI:
- 1 kuglica masala chai gelata ili sladoleda
- 1 čašica chai čaja
- zdrobljenih sjemenki kardamoma
- zgnječene pistacije

UPUTE:
a) Stavite kuglicu masala chai gelata ili sladoleda u čašu za posluživanje.
b) Prelijte čašicu chai čaja preko sladoleda.
c) Pospite mljevenim sjemenkama kardamoma.
d) Ukrasite mljevenim pistacijama.
e) Poslužite odmah i uživajte u toplim i aromatičnim okusima indijskog masala chaia.

57.Chai sladoled

SASTOJCI:
- 2 zvjezdice anisa
- 10 cijelih klinčića
- 10 cijelih pimenta
- 2 štapića cimeta
- 10 cijelih zrna bijelog papra
- 4 mahune kardamoma, otvorene u sjemenkama
- ¼ šalice punog crnog čaja (cejlonski ili engleski doručak)
- 1 šalica mlijeka
- 2 šalice gustog vrhnja (podijeljeno, 1 šalica i 1 šalica)
- ¾ šalice šećera
- Prstohvat soli
- 6 žumanjaka (pogledajte kako odvojiti jaja)

UPUTE:
a) U teški lonac stavite 1 šalicu mlijeka, 1 šalicu vrhnja i začine za čaj - zvjezdasti anis, klinčiće, piment, štapiće cimeta, bijeli papar u zrnu i mahune kardamoma te prstohvat soli.
b) Zagrijte smjesu dok ne postane parna (ne vrije) i vruća na dodir. Smanjite vatru da se zagrije, poklopite i ostavite stajati 1 sat.
c) Ponovno zagrijte smjesu dok ponovno ne postane vruća (opet ne zavrije), dodajte lišće crnog čaja, maknite s vatre, umiješajte čaj i ostavite da se kuha 15 minuta.
d) Upotrijebite fino mrežasto cjedilo da procijedite čaj i začine, a smjesu mliječne kreme prelijte u zasebnu zdjelu.
e) Vratite smjesu mlijeka i vrhnja u lonac s debelim dnom. U smjesu mlijeka i vrhnja dodajte šećer i miješajući zagrijavajte dok se šećer potpuno ne otopi.
f) Dok se čaj kuha u prethodnom koraku, pripremite preostalu 1 šalicu vrhnja u ledenoj kupelji.
g) Ulijte kremu u metalnu zdjelu srednje veličine, te je stavite u ledenu vodu (s puno leda) iznad veće zdjele. Postavite mrežasto cjedilo na vrh posuda. Staviti na stranu.
h) U zdjeli srednje veličine umutite žumanjke. Zagrijanu smjesu mliječne kreme polako ulijevajte u žumanjke neprestano

miješajući da se žumanjci umire od tople smjese, ali da se ne skuhaju. Ugrijane žumanjke ostružite natrag u lonac.

i) Vratite lonac na štednjak, neprestano miješajte smjesu na srednjoj vatri drvenom kuhačom, stružući po dnu dok miješate dok se smjesa ne zgusne i ne obloži žlicu tako da možete prijeći prstom po premazu i da vam premaz ne curi. To može potrajati oko 10 minuta.

j) Čim se to dogodi, smjesu treba odmah maknuti s vatre i preliti kroz sito preko ledene kupelji kako bi se zaustavilo kuhanje u sljedećem koraku.

58.Čaj s ljuskicama kombu alge

SASTOJCI:
- 1-4 žličice Kombu pahuljica ili praha
- 1 litra hladne vode
- 1-4 žličice zelenog čaja od listova
- 2 kriške svježeg đumbira ili korijena galangala
- 1 žličica cimeta
- 2 kriške limuna ili limete
- prstohvat sjemenki kardamoma

UPUTE:
a) U vrč hladne vode od 1,5 litara dodajte zeleni čaj, kombu i arome po izboru.
b) Ostavite da se kuha dok se ne razvije dobra boja. Ovo će trajati nekoliko sati.
c) Ako želite vrući napitak, prelijte pola šalice hladnog čaja kipućom vodom.

59. Kolači s maslacem od naranče i kardamoma s glazurom od ruža

SASTOJCI:
ZA KOLAČE
- 2 žlice punomasnog mlijeka
- 1 ½ žličice naribane korice naranče
- ½ žličice vode od narančinog cvijeta
- ½ mahune vanilije, poprečno prepolovljene
- ½ šalice neslanog maslaca (4 unce), na sobnoj temperaturi, plus još za podmazivanje posude
- 1 šalica višenamjenskog brašna (oko 4¼ unce), plus još za tavu
- 1 žličica praška za pecivo
- ¼ žličice mljevenih sjemenki zelenog kardamoma
- ⅛ žličice košer soli
- ½ šalice plus 1 žlica granuliranog šećera
- 2 velika jaja, sobne temperature

ZA GLADURU
- 1 ½ šalice šećera u prahu (oko 6 unci)
- 1 šalica neslanog maslaca (8 unci), omekšalog
- ½ žličice vode od narančinog cvijeta
- ½ žličice ekstrakta vanilije
- ⅛ žličice ružine vodice
- ½ šalice džema od malina bez sjemenki
- 1 ½ žličice svježeg soka od naranče

DODATNI SASTOJAK
- Osušene latice ruže, za ukras

UPUTE:
NAPRAVITE KOLAČE:
a) Zagrijte pećnicu na 325°F. Pomiješajte mlijeko, koricu naranče i vodu cvijeta naranče u maloj posudi. Mahunu vanilije prepolovite po dužini, pa u mliječnu smjesu ostružite sjemenke vanilije; promiješajte da se sjedini. Dodajte mahunu vanilije u smjesu mlijeka; Staviti na stranu.

b) Obilno namažite maslacem dno i stranice 8 udubljenja standardnog kalupa za muffine od 12 šalica. Pospite obilno brašnom. Nagnite da potpuno pokrijete strane i izvucite višak. Staviti na stranu.

c) Pomiješajte brašno, prašak za pecivo, kardamom i sol u srednjoj zdjeli.
d) Miksajte maslac i šećer u velikoj zdjeli električnom miješalicom na srednjoj brzini dok ne postane svijetlo i pjenasto, 5 do 7 minuta. Dodajte jaja u smjesu maslaca, 1 po jedno, tukući na srednjoj brzini dok se ne sjedine.
e) Dok mikser radi na niskoj brzini, postupno dodajte smjesu brašna u smjesu maslaca u 3 dodavanja, naizmjenično s mješavinom mlijeka. Tucite dok tijesto ne postane glatko, oko 2 minute.
f) Ravnomjerno podijelite tijesto među 8 pripremljenih jažica kalupa za muffine; glatke vrhove s offset lopaticom.
g) Pecite dok drveni šiljak umetnut u sredinu kolača ne izađe čist, 18 do 20 minuta. Pustite da se ohladi u tavi 10 minuta. Izvadite iz posude; ostavite da se potpuno ohladi na rešetki oko 20 minuta.
h) Koristeći nazubljeni nož, uklonite i bacite kupolaste vrhove s kolača. Okrenite kolače, prerezane strane prema dolje, na dasci za rezanje. Prepolovite kolače poprečno, stvarajući 2 sloja za svaki.

NAPRAVITE GLASURU:
i) Tucite šećer u prahu i maslac u srednjoj zdjeli električnom miješalicom na srednjoj do visokoj brzini dok ne postane svijetlo i pjenasto, oko 5 minuta.
j) Dodajte vodicu cvijeta naranče, ekstrakt vanilije i ružinu vodicu; tucite dok se ne sjedini.
k) Pomiješajte džem od malina i sok od naranče u maloj posudi dok smjesa ne postane glatka.

ZA SASTAVLJANJE TORTI:
l) Premažite 2 žličice glazure na donji sloj 1 torte. Prelijte 1 žličicom mješavine pekmeza i stavite gornji sloj torte na džem.
m) Tortu izvana premažite tankim slojem glazure; tortu premažite s 2 žličice glazure.
n) Prelijte vrh s 1 žličicom mješavine pekmeza, pustite da višak lagano kapa niz rubove.
o) Ponovite s preostalim kolačima. Ukrasite suhim laticama ruže.

SJEMENKE KONOPLJE

60.Ćufte od crvene cikle

SASTOJCI:
- 15 unci svijetlocrvenog graha može
- 2 ½ žlice ekstra djevičanskog maslinovog ulja
- 2 ½ unce Cremini gljive
- 1 glavica crvenog luka
- ½ šalice kuhane smeđe riže
- ¾ šalice sirove cikle
- 1/3 šalice sjemenki konoplje
- 1 žličica mljevenog crnog papra
- ½ žličice morske soli
- ½ žličice mljevenog korijandera
- 1 veganska zamjena za jaja

UPUTE:
a) Zagrijte pećnicu na 375°F. Mahune dobro zgnječite u posudi za miješanje i ostavite sa strane.
b) Zagrijte ulje u neprianjajućoj tavi na srednje jakoj vatri.
c) Dodajte gljive i luk i pirjajte dok ne omekšaju, oko 8 minuta.
d) Smjesu povrća prebacite u zdjelu za miješanje s grahom.
e) Umiješajte rižu, ciklu, sjemenke konoplje, papar, sol i korijander dok se ne sjedine.
f) Dodajte vegansku zamjenu za jaja i miješajte dok se dobro ne sjedini.
g) Smjesu oblikujte u četiri kuglice i stavite na lim obložen nebijeljenim papirom za pečenje.
h) Vrhovima prstiju lagano potapkajte vrh mesnih okruglica s ½ žlice ulja.
i) Pecite 1 sat. Vrlo nježno preokrenite svaku mesnu okruglicu i pecite dok ne postane hrskava, čvrsta i porumeni, još oko 20 minuta.

61.Borovnica Spirulina preko noći Zob

SASTOJCI:
- ½ šalice zobi
- 1 žlica naribanog kokosa
- ⅛ žličice cimeta
- ½ žličice spiruline
- ½ šalice biljnog mlijeka
- 1 ½ žlice biljnog jogurta
- ¼ šalice smrznutih borovnica
- 1 žličica sjemenki konoplje
- 1 kivi, narezan

UPUTE:
a) U staklenku ili zdjelu dodajte zob, nasjeckani kokos, cimet i spirulinu. Zatim dodajte biljno mlijeko i kokosov ili prirodni jogurt.
b) Na vrh dodajte smrznute borovnice i kivi. Ostavite u hladnjaku preko noći, ili barem sat vremena ili više.
c) Prije posluživanja po želji dodajte sjemenke konoplje. Uživati!

62. Zdjela za smoothie od breskve

SASTOJCI:
- 2 šalice breskvi, smrznutih
- 1 banana, smrznuta
- 1½ šalice nezaslađenog mlijeka od vanilije i badema
- 1 žlica sjemenki konoplje
- Miješano bobičasto voće
- jestivo cvijeće
- kriške svježe breskve
- kriške svježeg ananasa

UPUTE:
- ☑ Dodajte sve sastojke, osim jestivog cvijeća, svježih kriški breskve i svježih kriški ananasa, u šalicu blendera i miksajte dok ne postane glatko, pazeći da ne izmiješate previše.
- ☑ Prelijte jestivim cvijećem, svježim kriškama breskve, svježim kriškama ananasa ili bilo kojim drugim nadjevom po vašem izboru.

63. Čokoladna kora s goji bobicama

SASTOJCI:
- 12 unci komadića čokolade
- 2,5 žlice praha morske mahovine
- 1 žlica sjemenki konoplje
- ½ šalice sirovih orašastih plodova
- 2 žlice goji bobica
- ½ žličice himalajske morske soli, po želji

UPUTE:
a) Skupite sastojke. Pripremite sastojke kako bi se čokoladna kora mogla lako sastaviti.
b) Uzmite veliku zdjelu prikladnu za mikrovalnu pećnicu, dodajte čokoladu, a zatim otopite čokoladu u intervalima od 30 sekundi u mikrovalnoj pećnici, miješajući između svakog intervala.
c) Nakon što se čokolada potpuno otopi, premjestite čokoladu na lim za pečenje obložen pergamentom. Pomoću lopatice raširite čokoladu u tankom, ravnomjernom sloju, debljine oko ¼ inča.
d) Dodati preljeve.
e) Premjestite ploču u hladnjak i ostavite da se čokolada stegne, što bi trebalo trajati oko 30 minuta.
f) Kad se čokolada stegne, možete je izlomiti na komadiće veličine zalogaja.
g) Uživajte u čokoladi! Čuvajte ostatke kore čokolade u hermetički zatvorenoj posudi u hladnjaku do tjedan dana.

64. Zeleni čaj i đumbir Smoothie

SASTOJCI:
- 1 Anjou kruška, nasjeckana
- ¼ šalice bijelih grožđica ili suhih dudova
- 1 žličica svježe mljevenog đumbira
- 1 velika šaka nasjeckane zelene salate
- 1 žlica sjemenki konoplje
- 1 šalica nezaslađenog skuhanog zelenog čaja, ohlađenog
- 7 do 9 kockica leda

UPUTE:
a) Stavite sve sastojke osim leda u Vitamix i miješajte dok ne postane glatko i kremasto.
b) Dodajte led i ponovite postupak. Piti ohlađeno.

SJEMENKE MAKA

65.Vafli s limunom i makom

SASTOJCI:
- 2 šalice višenamjenskog brašna
- 2 žlice palente
- 2 žlice bijelog šećera
- 2 žlice maka
- ¾ žličice sode bikarbone
- ¾ žličice soli u listićima
- 2½ šalice mlaćenice
- 2 velika jaja
- 1 žlica naribane korice limuna
- 1 žličica svježeg soka od limuna
- 1 žličica čistog ekstrakta vanilije
- ⅔ šalice biljnog ulja

UPUTE:
a) Pomiješajte sve suhe sastojke u velikoj zdjeli za miješanje; miješati dok se dobro ne izmiješa. U velikoj posudi za mjerenje ili zasebnoj zdjeli za miješanje pomiješajte preostale sastojke i umutite ih da se sjedine.
b) Dodajte tekuće sastojke suhim sastojcima i miješajte dok ne postane glatko.
c) Zagrijte aparat za vafle na željenu postavku.
d) Ulijte malu šalicu tijesta kroz vrh grlića. Kada se oglasi ton, vafla je spremna. Pažljivo otvorite pekač za vafle i izvadite pečene vafle.
e) Zatvorite pekač za vafle i ponovite s preostalim tijestom.

66. Carbquik Bialys

SASTOJCI:
- 1 ½ šalice tople vode, 105 do 115 stupnjeva F
- 1 cijelo jaje, umućeno s 2 žlice vode za pranje
- 1 žlica košer soli, za posipanje
- 5 žličica aktivnog suhog kvasca
- 2 žličice šećera
- 5 ½ šalica Carbquika
- 2 ½ žličice košer soli
- ½ šalice dehidriranih ljuskica luka
- 2 žlice biljnog ulja
- 1 ½ žlice maka

UPUTE:
a) Zagrijte pećnicu na 450ºF.
b) U velikoj zdjeli pomiješajte toplu vodu, kvasac i šećer. Umiješajte jednu šalicu Carbquika i sol. Dodajte veći dio preostalog Carbquika i miješajte drvenom kuhačom da nastane mekana masa. Ako koristite mikser, pričvrstite kuku za tijesto i miješajte 8 do 10 minuta, dodajući još Carbquika prema potrebi da dobijete čvrsto, glatko tijesto. Alternativno, tijesto možete mijesiti ručno.
c) Pokrijte tijesto i ostavite ga da odstoji oko 45 do 60 minuta. Dok tijesto odmara, obložite 2 velika lima za pečenje papirom za pečenje.
d) Stavite dehidrirani luk u zdjelu i dodajte vruću vodu, ostavite luk da se namače 15 minuta. Luk dobro ocijedite, stavite u zdjelu, dodajte ulje i mak ako ga koristite. Ostavite ovu smjesu sa strane.
e) Nakon što se tijesto odmorilo, izbušite ga i podijelite na dva jednaka dijela. Zatim svaku polovicu podijelite na šest jednakih dijelova. Ostavite dijelove tijesta da odmore 10 minuta.
f) Svaki dio tijesta razvaljajte ili razvucite u oval ili krug od 4 ili 5 inča, pazeći da ne pretjerate s tijestom. Stavite bialy na pripremljene limove za pečenje i prstima napravite udubine u sredini veličine otprilike pola dolara (nemojte prolaziti kroz tijesto).
g) Lagano četkom premažite vanjski obod svakog biala sredstvom za pranje jaja. Na svaki bialy žlicom stavite otprilike 2 žličice pripremljenog preljeva od luka i po želji dodajte malo soli.

h) Pokrijte bialy pobrašnjenom kuhinjskom krpom i ostavite ih da se dižu 30 do 40 minuta, ili dok ne napuhnu.
i) Pecite bialy dok ne porumene, što bi trebalo trajati otprilike 25 do 30 minuta. Ako primijetite da se bialys prebrzo zapeče, možete smanjiti toplinu pećnice na 425 stupnjeva F. Uživajte u svom svježe pečenom bialysu!

67. Carbquik muffini s limunom

SASTOJCI:

- 1 cijelo jaje
- 1 šalica Carbquika
- 2 žlice Splenda (ili po ukusu)
- 1 žličica naribane kore limuna
- ¼ šalice soka od limuna
- ⅛ šalice vode
- 1 žlica ulja
- 1 žlica maka (po želji)
- 1 žličica praška za pecivo
- Prstohvat soli

UPUTE:

a) Zagrijte pećnicu: Zagrijte pećnicu na 400ºF (200ºC). Stavite papirnate posude za pečenje u svaku od 6 posuda za muffine normalne veličine ili namastite samo dno posuda za muffine.
b) Zamijesite tijesto: U zdjeli srednje veličine lagano umutite jaje.
c) Zatim umiješajte preostali Carbquik, Splenda, naribanu limunovu koricu, limunov sok, vodu, ulje, mak (ako ga koristite), prašak za pecivo i prstohvat soli. Miješajte dok se smjesa ne navlaži; nemojte previše miješati.
d) Podijelite tijesto: Ravnomjerno podijelite tijesto za muffine u pripremljene kalupe za muffine.
e) Pečenje: Muffine pecite u prethodno zagrijanoj pećnici 15 do 20 minuta ili dok vrhovi ne porumene. Pripazite na njih pred kraj vremena pečenja da se ne prepeku.
f) Kada su gotovi, izvadite muffine iz pećnice i ostavite ih nekoliko minuta da se ohlade u posudama za muffine.
g) Prebacite muffine na rešetku da se potpuno ohlade.
h) Uživajte u svojim domaćim Carbquik muffinima s limunom!

SJEMENKE GORUCICE

68.Bureke

SASTOJCI:
- 1 lb / 500 g najkvalitetnijeg lisnatog tijesta punog maslaca
- 1 veliko jaje slobodnog uzgoja, istučeno

NADJEV OD RICOTTE
- ¼ šalice / 60 g svježeg sira
- ¼ šalice / 60 g ricotta sira
- ⅔ šalice / 90 izmrvljenog feta sira
- 2 žličice / 10 g neslanog maslaca, otopljenog

PECORINO NADJEV
- 3½ žlice / 50 g ricotta sira
- ⅔ šalice / 70 g ribanog odležanog pecorino sira
- ⅓ šalice / 50 g naribanog odležanog sira Cheddar
- 1 poriluk, izrezan na segmente od 2 inča / 5 cm, blanširan dok ne omekša i sitno nasjeckan (¾ šalice / 80 g ukupno)
- 1 žlica nasjeckanog plosnatog peršina
- ½ žličice svježe mljevenog crnog papra

SJEMENKE
- 1 žličica sjemenki crnice
- 1 žličica sjemenki sezama
- 1 žličica žutih sjemenki gorušice
- 1 žličica sjemenki kima
- ½ žličice čili pahuljica

UPUTE:
a) Razvaljajte tijesto u dva kvadrata od 12 inča / 30 cm svaki ⅛ inča / 3 mm debljine. Stavite listove tijesta na lim obložen papirom za pečenje—mogu se nalaziti jedan na drugom, s listom papira između—i ostavite u hladnjaku 1 sat.

b) Stavite svaki set sastojaka za punjenje u zasebnu zdjelu. Promiješajte i ostavite sa strane. Pomiješajte sve sjemenke zajedno u zdjeli i ostavite sa strane.

c) Izrežite svaki list tijesta na kvadrate od 4 inča / 10 cm; trebali biste dobiti ukupno 18 kvadrata. Prvi nadjev ravnomjerno podijelite na polovicu kvadrata, stavljajući ga žlicom na sredinu svakog kvadrata. Premažite dva susjedna ruba svakog kvadrata jajetom, a zatim preklopite kvadrat na pola da formirate trokut. Izbacite sav zrak i čvrsto stisnite strane. Rubove dobro stisnite kako se ne bi otvorili tijekom kuhanja. Ponovite s preostalim kvadratićima tijesta i drugim nadjevom. Stavite na lim obložen papirom za pečenje i ostavite u hladnjaku najmanje 15 minuta da se stegne. Zagrijte pećnicu na 425°F / 220°C.

d) Premažite dva kraća ruba svakog peciva jajetom i umočite te rubove u mješavinu sjemenki; Mala količina sjemenki, samo ⅙ inča / 2 mm široka, je sve što je potrebno, jer su prilično dominantne. Gornji dio svakog tijesta također premažite malo jajeta, izbjegavajući sjemenke.

e) Provjerite jesu li peciva razmaknuta oko 1¼ inča / 3 cm jedna od druge.

f) Pecite 15 do 17 minuta, dok posvuda ne porumeni. Poslužite toplo ili na sobnoj temperaturi.

g) Ako se dio nadjeva prolije iz peciva tijekom pečenja, samo ga nježno ugurajte natrag kad se dovoljno ohlade da se njima može rukovati.

69. Chutney od rabarbare

SASTOJCI:
- 1 funta rabarbare
- 2 žličice krupno naribanog svježeg đumbira
- 2 češnja češnjaka
- 1 Jalapeno chile , (ili više) sjemenki i žilica Izvadite
- 1 žličica paprike
- 1 žlica sjemenki crne gorušice
- ¼ šalice ribiza
- 1 šalica svijetlo smeđeg šećera
- 1½ šalice svijetlog octa

UPUTE:
a) Operite rabarbaru i izrežite je na komade debljine ¼ inča. Ako su peteljke široke, najprije ih uzdužno prerežite na pola ili trećine.
b) Naribani đumbir sa češnjakom i čilijem sitno nasjeckajte .
c) Stavite sve sastojke u posudu koja nije korozivna, zakuhajte, zatim smanjite vatru i kuhajte dok se rabarbara ne raspadne i dobije teksturu pekmeza, oko 30 minuta.
d) Čuvajte u hladnjaku u staklenoj posudi.

70.Ukiseljene rotkvice

SASTOJCI:
- 1 vezica rotkvica, obrezana i tanko narezana
- 1 šalica bijelog octa
- ½ šalice vode
- ¼ šalice šećera
- 1 žlica soli
- 1 žličica cijelog zrna crnog papra
- 1 žličica sjemena gorušice
- 1 žličica sjemenki kopra

UPUTE:
a) U loncu pomiješajte ocat, vodu, šećer, sol, crni papar u zrnu, sjemenke gorušice i sjemenke kopra.
b) Zakuhajte smjesu i miješajte dok se šećer i sol ne otope.
c) Narezane rotkvice stavite u steriliziranu staklenku.
d) Vruću tekućinu za kiseljenje prelijte preko rotkvica, pazeći da su potpuno potopljene.
e) Ostavite ukiseljene rotkvice da se ohlade na sobnoj temperaturi, zatim ih poklopite i ostavite u hladnjaku najmanje 24 sata prije posluživanja.

71. Senf Microgreen Dal Curry

SASTOJCI:
- ½ šalice moong dala
- ¼ šalice bundeve
- 2 ½ šalice vode
- Prstohvat soli
- ½ šalice ribanog kokosa
- 6 ljutika
- 1 češanj češnjaka
- 1 zeleni čili
- Curry lišće
- ¼ žličice kurkume u prahu
- ¼ žličice sjemenki kumina
- ½ šalice mikrozelenja senfa
- 1 žlica ulja
- ¼ žličice sjemena gorušice
- 2 crvena čilija

UPUTE:
a) Pomiješajte moong dal, bundeve, sol i vodu u ekspres loncu. Kuhajte 1 zviždaljku nakon što ste sve temeljito promiješali.
b) U međuvremenu pomiješajte naribani kokos, ljutiku, češnjak, zeleni čili, sjemenke kumina, 3 ili 4 lista curryja i kurkumu u prahu u blenderu.
c) Pomiješajte mljevenu pastu s kuhanom dal smjesom.
d) Kuhajte dal smjesu 2 do 3 minute. Sada je vrijeme da dodate mikrozelenje.
e) Pustite da vrije 1 minutu, zatim maknite s vatre.
f) Dodajte sjemenke gorušice i crveni čili u tavu.
g) Dodajte ljutiku i kuhajte nekoliko minuta
h) Dodati temperiranje u dal smjesu.

72. Prosecco senf

SASTOJCI:
- ¼ šalice žutih sjemenki gorušice
- ¼ šalice sjemenki smeđe gorušice
- ½ šalice Prosecca
- ¼ šalice bijelog vinskog octa
- 1 žlica meda
- ½ žličice soli

UPUTE:
a) U zdjeli pomiješajte žute i smeđe sjemenke gorušice.
b) U posebnoj posudi pomiješajte Prosecco, bijeli vinski ocat, med i sol.
c) Prelijte smjesu Prosecco preko sjemenki gorušice i promiješajte da se sjedini.
d) Ostavite smjesu na sobnoj temperaturi oko 24 sata, povremeno miješajući.
e) Prebacite smjesu u blender ili procesor hrane i miksajte dok ne postignete željenu gustoću.
f) Čuvajte Prosecco senf u hermetički zatvorenoj posudi u hladnjaku.
g) Koristite ga kao začin za sendviče, hamburgere ili kao umak za prezle i grickalice.

73. Proso, riža i nar

SASTOJCI:
- 2 šalice tanke pohe
- 1 šalica nabubrenog prosa ili riže
- 1 šalica guste mlaćenice
- ½ šalice komadića nara
- 5-6 listova curryja
- ½ žličice sjemena gorušice
- ½ žličice sjemenki kumina
- ⅛ žličice asafetide
- 5 žličica ulja
- Šećer po ukusu
- Posolite po ukusu
- Svježi ili sušeni kokos - nasjeckan
- Svježi listovi korijandera

UPUTE:
a) Zagrijte ulje pa dodajte sjemenke gorušice.
b) Dodajte sjemenke kumina, asafetidu i listove curryja kad popucaju.
c) Stavite pohe u zdjelu.
d) Pomiješajte ulje, mješavinu začina, šećer i sol.
e) Kad se pohe ohladi pomiješajte s jogurtom, korijanderom i kokosom.
f) Poslužite ukrašeno korijanderom i kokosom.

74. Chutney od brusnice i smokve

SASTOJCI:
- 4 šalice krupno nasjeckanih brusnica
- 1 korijen đumbira od jednog inča, oguljen i sitno narezan
- 1 velika Navel naranča, narezana na četvrtine i sitno nasjeckana
- 1 mali luk, sitno nasjeckan
- ½ šalice sušenog ribiza
- 5 suhih smokava, sitno narezanih
- ½ šalice oraha, prženih i grubo nasjeckanih
- 2 žlice sjemenki gorušice
- 2 žlice jabučnog octa
- ¾ šalice burbona ili škotskog viskija (po izboru)
- 1½ šalice svijetlo smeđeg šećera
- 2 žličice mljevenog cimeta
- 1 žličica mljevenog muškatnog oraščića
- ½ žličice mljevenog klinčića
- ½ žličice soli
- ⅛ žličice kajenskog papra

UPUTE:
a) U tavi od 4 litre pomiješajte krupno nasjeckane brusnice, sitno nasjeckani đumbir, sitno nasjeckanu pupavku, luk narezan na kockice, sušeni ribizl, narezane suhe smokve, pržene i nasjeckane orahe, sjemenke gorušice, nasjeckani đumbir, jabukov ocat i viski (ako koristeći).
b) U maloj zdjeli dobro pomiješajte smeđi šećer, cimet, muškatni oraščić, klinčiće, sol i kajenski papar.
c) Dodajte suhe sastojke iz male zdjelice u lonac s ostalim sastojcima. Promiješajte da se sve sjedini.
d) Zagrijte smjesu dok ne zavrije.
e) Smanjite vatru i pustite da se chutney kuha 25-30 minuta uz često miješanje.
f) Kada je gotov, ostavite chutney da se ohladi, a zatim ga stavite u hladnjak do 2 tjedna. Alternativno, može se zamrznuti do 1 godine.
g) Uživajte u ukusnom Chutneyju od smokve i brusnice!

SJEME KOMORAČA

75. Tres Leches kolač sa Sjeme komorača

SASTOJCI:
BISKVIT TORTA:
- 1 ½ šalice višenamjenskog brašna
- 1 žlica praška za pecivo
- 1 žličica cimeta
- ½ žličice sjemena komorača, tostiranog i mljevenog
- ½ žličice sjemena korijandera, tostiranog i mljevenog
- 6 bjelanjaka
- 1 žličica soli
- 1½ šalice granuliranog šećera
- 3 žumanjka
- 2½ žličice ekstrakta vanilije
- ½ šalice mlijeka
- 6 žlica mlijeka u prahu

TRES LECHES NAMAKANJE:
- 1 šalica punomasnog mlijeka
- 4 žlice mlijeka u prahu, tostirano (rezervirano iz recepta za biskvit)
- 12 unci limenke evaporiranog mlijeka
- 14 unci konzerviranog kondenziranog mlijeka

MACERIRANO BOBIČASTO VOĆE:
- ½ šalice vode
- ½ šalice šećera
- Listovi komorača iz 1 lukovice, podijeljeni
- 18 unci bobičastog voća po vašem izboru, podijeljeno na pola
- 1 žlica soka od limuna

ŠLAG:
- 1 šalica gustog vrhnja
- ½ šalice granuliranog šećera
- 2 žlice mlaćenice
- Prstohvat soli

UPUTE:
BISKVIT TORTA:
a) Tostirajte začine u pećnici zagrijanoj na 325 stupnjeva 8-10 minuta, zatim ih sameljite pomoću mlinca za začine, mužara i tučka ili blendera.
b) Zagrijte pećnicu na 300 stupnjeva.
c) Dodajte 6 žlica mlijeka u prahu u vatrostalnu posudu i stavite je u pećnicu. Promiješajte i okrećite svakih 5 minuta dok prah ne dobije boju pijeska.
d) Pojačajte toplinu na 350 stupnjeva.
e) Obložite kalup za tortu 9 x 13 inča papirom za pečenje; dobro namažite pergament sprejom ili uljem.
f) Prosijte brašno, prašak za pecivo, cimet, komorač i korijandar u veliku zdjelu za miješanje i umutite.
g) U zdjelu samostojećeg miksera stavite bjelanjke i sol te nastavkom za pjenjaču srednjom brzinom miješajte dok ne postane pjenasto. Nastavite tući dok ne postane pjenasto, a bjelanjci zadrže meke vrhove.
h) Polako uspite granulirani šećer u uključeni mikser i nastavite tući dok bjelanjci ne budu srednje visoki.
i) Dok mikser radi, dodajte jedan po jedan žumanjak, a zatim vaniliju, miksajući dok se ne sjedini.
j) U mlijeko umutiti 2 žlice prženog mlijeka u prahu. Ostatak mlijeka u prahu ostavite sa strane za kasniju upotrebu.
k) Izvadite meringue iz miksera i gumenom lopaticom umiješajte polovicu suhe smjese.
l) Ulijte polovicu mliječne smjese i nastavite savijati okrećući zdjelu i savijajući u smjeru kazaljke na satu od sredine prema rubu.
m) Dodajte preostale suhe sastojke i nastavite savijati. Dodajte preostalu mliječnu smjesu i miješajte dok se ne sjedini, pazeći da ne izmiješate previše.
n) Stavite tijesto u pripremljenu posudu i zagladite kutove pomoću lopatice.
o) Pecite 10-12 minuta, mijenjajući svakih 5 minuta kako biste osigurali ravnomjerno pečenje.

p) Izvadite iz pećnice kada kolač ravnomjerno porumeni , a rubovi se malo odmaknu od kalupa.
q) Ostavite da se ohladi na sobnoj temperaturi.

TRES LECHES NAMAKANJE:
r) U blender dodajte mlijeko, ostatak prženog mlijeka u prahu, evaporirano mlijeko i kondenzirano mlijeko. Pomiješajte za ugradnju.
s) Prelijte tortu i ohladite natopljenu tortu do posluživanja.

MACERIRANO BOBIČASTO VOĆE:
t) U loncu zakuhajte vodu pa dodajte šećer. Umutiti da se sjedini.
u) Dodajte veliku šaku svijetlozelenih listova komorača, a malo ostavite za ukras. Maknite s vatre i pustite da se sirup ulije dok se ne ohladi na sobnu temperaturu.
v) Sirup procijediti.
w) Oko 30 minuta prije posluživanja macerirajte polovicu bobičastog voća u sirupu i soku od limuna. Preostale bobice ostavite za ukras.

ŠLAG:
x) U samostojeći mikser s nastavkom za pjenjaču dodajte gusto vrhnje, šećer, mlaćenicu i sol i miješajte srednjom brzinom dok se ne formiraju srednji vrhovi.
y) Stavite u hladnjak do posluživanja.

SKUPŠTINA:
z) Cut Tres leches kolač na kriške. Svaku krišku premažite šlagom, a zatim ukrasite svježim bobičastim voćem, maceriranim bobičastim voćem i listovima komorača.

76. Sporo pečena janjeća plećka

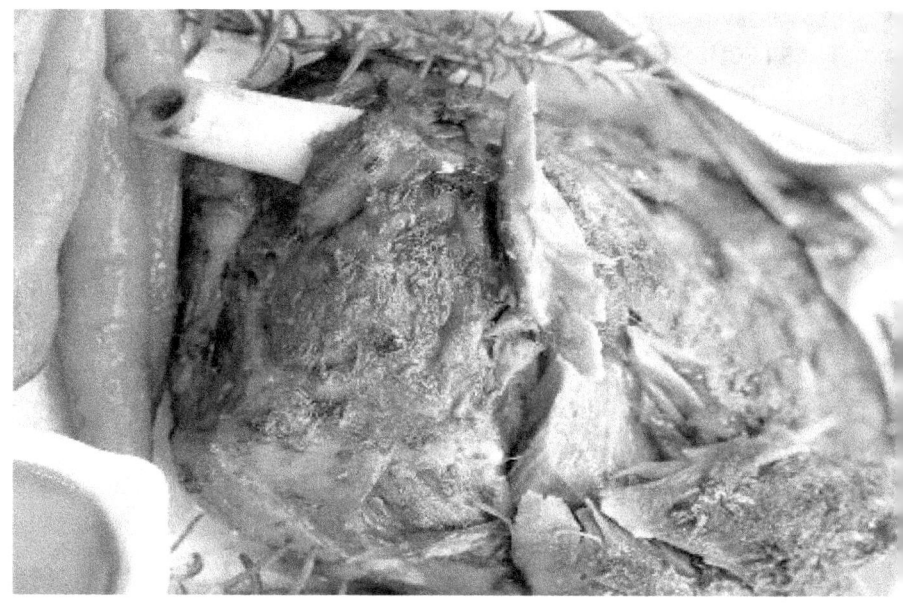

SASTOJCI:
- 2 žlice sjemenki komorača , samljevenog
- 1 žlica mljevenog crnog papra u zrnu
- 6 masnih režnjeva češnjaka, grubo nasjeckanih
- 1 žlica maslinovog ulja
- 1 žličica pahuljica soli
- 5 funti . janjeća lopatica s kostima
- 2 velika luka, narezana na ploške
- 14 unce srednje velike mrkve, očišćene
- Sol i svježe mljeveni crni papar

UPUTE:
a) Za pripremu paste, pomiješajte češnjak, maslinovo ulje i sol u procesoru hrane.
b) Stavite janjetinu u veliki lim za pečenje i oštrim nožem po njoj izbodite desetke malih ureza.
c) Žlicom nanesite pastu od sjemenki komorača na janjetinu i utrljajte je što je više moguće, utrljavajući je u ureze.
d) Hladiti nekoliko sati .
e) Stavite u pećnicu na drva 2 sata da se peče.
f) Raspršite luk i cijelu mrkvu po janjetini, okrećući ih da se preliju sokom, i vratite u pećnicu na još jedan sat, kada bi sve trebalo biti izuzetno mekano.
g) Prebacite janjetinu na pladanj za posluživanje i oko nje rasporedite povrće, žlicom prelivajući sok iz tave.

77. Čaj od kamilice i komorača

SASTOJCI:
- 1 žličica cvjetova kamilice
- 1 žličica sjemenki komorača
- 1 žličica livadnice
- 1 žličica sitno nasjeckanog korijena bijelog sljeza
- 1 žličica stolisnika

UPUTE:
a) Začinsko bilje stavite u čajnik.
b) Prokuhajte vodu i dodajte u čajnik.
c) Pustite da se ulije 5 minuta i poslužite.
d) Pijte 1 šalicu infuzije 3 puta dnevno.

SJEMENKE KIMA

78. Farmhouse Pork Lonac Pita

SASTOJCI:

- 2 luka, nasjeckana
- 2 mrkve, narezane na ploške
- 1 glavica kupusa nasjeckana
- 3 šalice svinjetine, kuhane, narezane na kockice
- Posolite po ukusu
- 1 tijesto za pitu od 9 inča
- ¼ šalice maslaca ili margarina
- 2 krumpira, narezana na kockice
- 1 limenka pileće juhe (14oz)
- 1 žlica aromatične grenčice Angostura
- Bijeli papar po ukusu
- 2 žličice sjemenki kima

UPUTE:

a) Na maslacu pirjajte luk dok ne porumeni.

b) Dodajte mrkvu, krumpir, kupus, juhu, svinjetinu i gorčinu; poklopite i kuhajte dok kupus ne omekša, oko 30 minuta.

c) Začinite solju i bijelim paprom po ukusu.

d) Pripremite tijesto, dodajte sjemenke kima.

e) Razvaljajte tijesto na lagano pobrašnjenoj dasci na ⅛-inča debljine; izrežite šest krugova od 6 inča na vrh šest kalupa za pite od 5 inča.

f) Nadjev jednako rasporedite po kalupima za pite; na vrh stavite kore, dopuštajući tijestu da visi ½ inča preko stranica posude.

g) Izrežite križ na sredini svake pite; povucite vrhove tijesta kako biste otvorili vrhove pita.

h) Pecite u prethodno zagrijanoj 400'F. peći 30 do 35 minuta ili dok korica ne porumeni, a nadjev postane mjehurić.

79. Kokosovo superzelenje i juha od spiruline

SASTOJCI:
- 1 žličica sjemenki komorača
- 1 žličica sjemenki kima
- 2" inča đumbira, nasjeckanog
- 3 češnja češnjaka nasjeckana
- 1 veliki bijeli luk, grubo nasjeckan
- 2 štapića celera, grubo nasjeckana
- 1 glavica brokule
- 1 tikvica /tikvica nasjeckana
- 1 jabuka, oguljena i nasjeckana
- 2 pakirane šalice špinata
- 3 šalice temeljca od povrća
- 1 žličica morske soli
- 1 žličica papra
- 2 žličice spiruline
- 1 žlica soka od limete

UPUTE:
a) Zagrijte 1 žlicu maslinovog ulja u velikom loncu na srednjoj temperaturi i dodajte sjemenke kima i komorača te zagrijavajte dok ne počnu pucati.
b) Dodajte luk u tavu i kuhajte oko 3 minute ili dok ne postane proziran.
c) Dodajte češnjak i đumbir i nastavite pržiti 30 sekundi da zamiriši.
d) Dodajte celer i brokulu, promiješajte da se sve sjedini i kuhajte 1 minutu prije dodavanja jabuke, tikvica , soli, papra i temeljca od povrća.
e) Zakuhajte temeljac pa smanjite na laganoj vatri. Pirjajte oko 10 minuta ili dok povrće ne omekša.
f) Dodajte kokosovo mlijeko i ponovno zakuhajte.
g) Dodajte špinat, promiješajte i kuhajte 1 minutu dok ne uvene i postane živozelen.
h) Maknite s vatre i umiješajte sok limete i spirulinu.
i) Prebacite u blender i miksajte na jakoj vatri dok smjesa ne postane glatka! Prelijte krutonima, pečenim slanutkom ili kokosovim pahuljicama

80. njemački Bratwurst

SASTOJCI:
- 4 funte finog mljevenog svinjskog buta
- 2 funte fine mljevene teletine
- ½ žličice mljevene pimente
- 1 žličica sjemenki kima
- 1 žličica sušenog mažurana
- 1½ žličice bijelog papra
- 3 žličice soli
- 1 šalica hladne vode

UPUTE:
a) Pomiješajte sve sastojke, dobro promiješajte i ponovno provucite kroz finu oštricu mlina.
b) Stavi u svinjsko crijevo.

81. Slani krekeri od kima i raži

SASTOJCI:
- 1 šalica glatkog brašna
- 1 šalica raženog brašna
- 1 žličica tamno smeđeg šećera
- ½ žličice praška za pecivo
- ½ žličice fine soli
- ¼ šalice maslaca, kockica d
- ½ šalice mlijeka
- 1 jaje, tučeno
- 2 žlice sjemenki kima, po ukusu
- Pahuljice morske soli

UPUTE:
a) U posudi za miješanje pomiješajte oba brašna, šećer, prašak za pecivo i sol.
b) Dodati kockice maslaca i miješati dok se skroz ne upije u brašno;
c) Dodajte mlijeko i miješajte žlicom da dobijete glatko tijesto. Zamotajte u prozirnu foliju i ostavite na sobnoj temperaturi 30 minuta.
d) Kad ste spremni za pečenje, radnu površinu i tepsiju malo pobrašnite.
e) Razvaljajte tijesto da što više odgovara obliku tepsije.
f) Izbodite krekere po cijeloj površini vilicom, a zatim ih duboko zarežite.
g) U zdjelu razbijte jaje i lagano umutite sa žlicom vode. Premažite cijelo tijesto, a zatim pospite sjemenkama kima i velikom količinom listića morske soli.
h) Stavite u pećnicu na drva i pecite 20 minuta na oko 350°F.
i) Kad se krekeri ohlade, razrežite ih uz urezane crte i poslužite.

SJEMENKE CRNICE/SJEMENKE CRNOG KIMA

82.Torta od patlidžana s kozjim sirom

SASTOJCI:

- 2 kilograma patlidžana (oko 3 mala patlidžana; 900 g)
- 4 žličice košer soli, podijeljene
- Univerzalno brašno, za posipanje
- 2 lista smrznutog lisnatog tijesta (1 puna kutija), odmrznuta
- 4 žlice ekstra djevičanskog maslinovog ulja (2 unce; 60 g)
- Svježe mljeveni crni papar
- ½ šalice svježeg kozjeg sira (4 unce; 112 g)
- 2 šalice nasjeckane gaude (6 unci; 168 g)
- 2 žličice sjemenki crnice
- 4 žlice meda (2 unce; 60 g), podijeljene
- Svježe začinsko bilje, poput vlasca ili bosiljka, za ukrašavanje (po želji)

UPUTE:

a) Oštrim kuharskim nožem ili mandolinom narežite patlidžan na ploške debljine ¼ inča.

b) Pomiješajte kriške s 1 žlicom (12 g) košer soli i odložite ih u cjedilo iznad zdjele ili sudopera. Pustite ih da se ocijede najmanje 30 minuta.

c) Postavite dvije rešetke u pećnici na gornji i donji srednji položaj. Zagrijte pećnicu na 400°F (200°C).

d) Obložite tri polulista s obrubom papirom za pečenje. Također, izrežite dodatni list pergamenta i ostavite ga sa strane.

e) Na lagano pobrašnjenu površinu stavite odmrznute listove lisnatog tijesta jedan na drugi.

f) Razvaljajte tijesto dok ne bude dovoljno veliko da stane u pladanj od pola lima, otprilike 11 x 15 inča. Koristite dovoljno brašna da se ne lijepi.

g) Razvaljajte tijesto na valjak da ga prebacite, zatim ga razmotajte na lim za pečenje obložen papirom za pečenje. Stavite dodatni list pergamenta na vrh.

h) Do tog vremena patlidžan bi već otpustio višak tekućine. Isperite kriške patlidžana pod hladnom vodom kako biste uklonili preostalu sol i osušite ih čistim kuhinjskim ručnikom ili papirnatim ručnikom. Rasporedite kriške patlidžana na dva preostala obložena lima za pečenje. Začinite ih ekstra djevičanskim maslinovim uljem, crnim paprom i preostalom košer soli.

i) Stavite jedan od limova za pečenje patlidžana na vrh lisnatog tijesta da ga otežate dok se peče. Sva tri pleha pecite u prethodno zagrijanoj pećnici oko 20 minuta, okrećući tepsije jednom nakon 10 minuta. Za to vrijeme će patlidžan postati mekan, a tijesto će postati čvrsto, ali ne bi trebalo razviti boju.

SASTAVITE TART:

j) Nakon prvog pečenja izvadite tepsije iz pećnice. Povećajte temperaturu pećnice na 500°F (260°C). Pomoću offset lopatice ravnomjerno rasporedite kozji sir po lisnatom tijestu. Po kozjem siru pospite naribane sjemenke gaude i nigelle.

k) Posložite djelomično kuhane kriške patlidžana da pokriju tart. Pokapajte 2 žlice (30 g) meda ravnomjerno preko patlidžana.

l) Vratite tart u pećnicu i pecite dodatnih 15 minuta ili dok tijesto ne postane duboko smeđe i hrskavo do kraja.

m) Završite tart tako da ga prelijete preostalim medom. Po želji, ukrasite svježim začinskim biljem poput vlasca ili bosiljka. Izrežite tart na željene veličine porcija i odmah poslužite.

n) Uživajte u ovom ukusnom kolaču od patlidžana s kozjim sirom i medom kao divnom predjelu ili glavnom jelu.

83. Pogačice s piletinom

SASTOJCI:

ZA KOLEPE:
- 225 g samodizajućeg brašna, plus dodatak za posipanje
- 1 žličica praška za pecivo
- 140 g hladnog maslaca nasjeckanog na sitne komadiće
- 150 ml mlijeka
- 1 žlica sjemenki nigelle
- 1 jaje, tučeno

ZA NADJEV:
- 3 kuhana pileća prsa, sitno nasjeckana ili narezana
- 100 g ajvara od manga
- 2 žličice blagog curry praha
- 150 g lončića prirodnog jogurta
- 75 g majoneze
- Mala hrpa korijandera, nasjeckana
- Mala hrpa mente, nasjeckana
- Sok od ½ limuna
- ½ krastavca, oguljenog na vrpce
- 1 manji crveni luk narezan na tanke ploške

UPUTE:

ZA KOLEPE:

a) Pleh obložite papirom za pečenje i zagrijte pećnicu na 220°C/200°C ventilator/plin 7.

b) U velikoj zdjeli pomiješajte brašno koje se samo diže, prašak za pecivo i ¼ žličice soli. Dodajte hladan, nasjeckani maslac i vršcima prstiju ga utrljajte u brašno dok smjesa ne bude poput finih krušnih mrvica.

c) Dodajte mlijeko i sjemenke crnice, a zatim nožem za jelo miješajte sastojke dok ne dobijete mekano tijesto.

d) Prebacite tijesto na radnu površinu i kratko ga mijesite kako biste uključili sve mrvice. Dobro pobrašnite površinu i razvaljajte tijesto na debljinu od oko 1½ cm. Rezačem za biskvit od 7 cm izrežirajte 12 krugova. Možda ćete morati kombinirati ostatke i ponovno ih razvaljati kako biste napravili svih 12 kolačića.

e) Pogačice rasporedite po tepsijama, vrhove premažite malo razmućenim jajetom i pecite 10-12 minuta ili dok ne porumene. Ostavite ih sa strane da se ohlade dok pripremate nadjev.

ZA NADJEV:
f) U zdjeli pomiješajte nasjeckanu ili nasjeckanu piletinu, mango chutney, blagi curry, prirodni jogurt, majonezu, nasjeckano začinsko bilje, limunov sok i začinite po želji. Ohladite ovu smjesu dok ne budete spremni sastaviti kolačiće.

ZA SASTAVLJANJE:
g) Za posluživanje razdijelite pogačice i napravite sendviče s krunidbenom piletinom, vrpcama krastavca i tanko narezanim crvenim lukom.
h) Ako želite, upotrijebite ražnjiće da držite kolačiće zajedno.

84.Tikur Azmud mješavina začina (mješavina crnog kumina)

SASTOJCI:
- 2 žlice sjemenki crnog kima (Tikur Azmud)
- 1 žlica sjemenki korijandera
- ½ žličice sjemenki kardamoma
- ½ žličice sjemenki piskavice
- ½ žličice sjemena gorušice
- ½ žličice sjemenki crnice (kalonji)
- ½ žličice mljevenog cimeta
- ½ žličice mljevenog klinčića
- ½ žličice mljevene pimente

UPUTE:
a) U suhoj tavi lagano tostirajte sjemenke kumina, sjemenke korijandera, sjemenke kardamoma, sjemenke piskavice, sjemenke gorušice i sjemenke crnice dok ne zamirišu. Pazite da ne zagore.
b) Pustite da se pržene sjemenke ohlade, a zatim ih sameljite u fini prah pomoću mlinca za začine ili mužara i tučka.
c) U zdjeli pomiješajte mljevenu mješavinu začina s mljevenim cimetom, klinčićima i pimentom.
d) Pohranite Tikur Azmud mješavina začina u hermetički zatvorenoj posudi na hladnom i tamnom mjestu.

85.Zeleni Matcha pileći curry s limetom

SASTOJCI:
- 2 žlice korijandera, sjemenki plus 1 velika hrpa, nasjeckana
- 1 žlica kumina, sjemenke
- 1 ½ čajna žličica, zeleni čaj
- 1 prstohvat svježe naribanog muškatnog oraščića
- 6 režnjeva češnjaka, nasjeckanih
- 5 ljutika, nasjeckanih
- 8 čili papričica, zelena, bez sjemenki i nasjeckana
- 125 g galangala, nasjeckanog
- 2 stabljike limunske trave, vanjski listovi uklonjeni, unutarnje stabljike nasjeckane
- 4 lista kaffir limete, nasjeckana
- 2 žlice paste od kozica
- 1Limeta, u soku
- 4 žlice ulja od kikirikija
- 2 pileća prsa bez kože, narezana
- 400 ml pilećeg temeljca
- 400 ml kokosovog mlijeka
- 250 g Mangetouta , grubo narezanog
- 4 mala Bok Choya, grubo nasjeckana
- Sol
- Crni papar, svježe mljeveni
- Grančice korijandera
- 2 limete, narezane na kriške
- 1 žlica mljevenog crnog papra u zrnu

UPUTE:
a) Kako napraviti pikantni zeleni matcha pileći curry s limetom
b) Tostirajte sjemenke korijandera i kumina u suhoj tavi na srednje jakoj vatri dok ne poprime miris.
c) Stavite u mlinac za začine, dodajte matcha prah i miksajte dok ne postane fino i praškasto.
d) Stavite ga u blender ili procesor hrane.
e) Dodajte muškatni oraščić, češnjak, ljutiku, korijander, čili, galangal, limunsku travu, kafir, lišće limete, pastu od škampi i sok od limete
.

f) Miješajte na visokoj razini dok ne postane glatko i poput paste.
g) Zagrijte 2 žlice ulja u velikom woku na umjerenoj vatri.
h) Začinite piletinu solju i paprom prije dodavanja u wok i miješajući pržite dok ne porumeni, oko 3-4 minute.
i) Prebacite na tanjur.
j) Dodajte preostalo ulje, a zatim pastu, pržite dok ne počne tamniti, često, oko 4-5 minuta.
k) Umiješajte temeljac i kokosovo mlijeko i pustite da lagano kuha.
l) U umak stavite piletinu, djelomično je poklopite poklopcem i kuhajte na laganoj vatri dok ne bude kuhana oko 6-8 minuta.
m) Dodati mangetout i pak choi u curry i kuhajte još 3-4 minute dok ne omekša.
n) Začinite curry solju i paprom po ukusu.
o) Poslužite zeleni matcha pileći curry iz woka s ukrasom od grančica korijandera, kriškama limete i posipom mljevenog crnog papra u zrnu.

SJEME PAPAJE

86. Salsa od sjemenki papaje

SASTOJCI:
- 1 šalica zrele papaje narezane na kockice
- 2 žlice mljevenog crvenog luka
- 1 jalapeño papričica, očišćena od sjemenki i mljevena
- 2 žlice nasjeckanog svježeg cilantra
- Sok od 1 limete
- Posolite po ukusu
- 1 žlica sjemenki papaje

UPUTE:
a) U zdjeli pomiješajte papaju narezanu na kockice, mljeveni crveni luk, mljevenu jalapeño papriku, nasjeckani cilantro i sok od limete.
b) Dodajte sjemenke papaje i dobro promiješajte.
c) Posolite po ukusu.
d) Neka salsa odstoji najmanje 15 minuta kako bi se okusi stopili.
e) Poslužite uz tortilja čips, ribu na žaru ili tacose.

87. Smoothie od sjemenki papaje

SASTOJCI:
- 1 zrela banana
- 1 šalica papaje narezane na kockice
- 1/2 šalice komadića ananasa
- 1/2 šalice listova špinata
- 1/2 šalice kokosove vode ili bademovog mlijeka
- 1 žlica sjemenki papaje
- Med ili javorov sirup (po želji, za slatkoću)

UPUTE:
a) U blenderu pomiješajte zrelu bananu, papaju narezanu na kockice, komadiće ananasa, listove špinata, kokosovu vodu ili bademovo mlijeko i sjemenke papaje.
b) Miješajte dok ne postane glatko i kremasto.
c) Kušajte i po želji dodajte med ili javorov sirup za dodatnu slatkoću.
d) Ulijte u čaše i odmah uživajte kao osvježavajući i hranjivi smoothie.

88. Preljev za sjemenke papaje

SASTOJCI:
- ¼ šalice sjemenki papaje
- ¼ šalice maslinovog ulja
- 2 žlice bijelog vinskog octa
- 1 žlica meda
- 1 žličica Dijon senfa
- Posolite i popaprite po ukusu

UPUTE:
a) U blenderu ili procesoru hrane pomiješajte sjemenke papaje, maslinovo ulje, bijeli vinski ocat, med, dijon senf, sol i papar.
b) Miješajte dok preljev ne postane gladak i dok se sjemenke papaje dobro ne sjedine.
c) Kušajte i po potrebi prilagodite začine.
d) Prebacite preljev od sjemenki papaje u bocu ili staklenku s poklopcem koji čvrsto prianja.
e) Dobro protresti prije upotrebe.
f) Preljevom prelijte salate ili ga koristite kao marinadu za meso ili povrće s roštilja.

MJEŠAVANJE SJEMENA

89. Thandai Tres Leches

SASTOJCI:

ZA THANDAI PRAH:
- 2 žlice badema
- 1 žlica indijskih oraščića
- ¼ žličice crnog papra u zrnu
- ½ žlice sjemenki komorača
- ½ žlice maka
- ½ žlice sjemenki dinje
- 8-10 mahuna kardamoma
- ½ žlice suhih latica ruže
- 8-10 niti šafrana

ZA SPUŽVU:
- 1 + ½ šalice višenamjenskog brašna
- 1 žličica praška za pecivo
- 1 šalica jogurta
- ½ žličice sode bikarbone
- ¾ šalice šećera u prahu
- ½ šalice biljnog ulja
- 1 žličica ekstrakta vanilije
- 2 žlice thandai praha

ZA MLIJEČNU MJEŠAVINU:
- 1½ šalice mlijeka
- ½ šalice kondenziranog mlijeka
- ¾ šalice vrhnja za šlag
- 7-8 niti šafrana
- 2 žlice thandai sirupa

ZA UKRAŠAVANJE:
- Šlag
- Pramenovi šafrana
- Zlatni list
- Osušene latice ruže

UPUTE:
THANDAI PRAH:
a) U sjeckalici pomiješajte bademe, indijske oraščiće, zrna crnog papra, sjemenke komorača, sjemenke maka, sjemenke dinje, mahune kardamoma, suhe latice ruže i vrpce šafrana. Usitnite u fini prah. Staviti na stranu.
b) Zagrijte pećnicu na 180°C. Obložite četvrtastu tepsiju od 9 inča papirom za pečenje s obje strane.

PRIPREMITE SPUŽVU:
c) U posudi pomiješajte jogurt i preko njega pospite sodu bikarbonu. Ostavite da se zapjeni.
d) U istu zdjelu dodajte šećer i dobro promiješajte.
e) Stavite sito preko zdjele i dodajte višenamjensko brašno i prašak za pecivo. Dobro promiješajte.
f) Dodajte ekstrakt vanilije i Thandai prah u tijesto. Miješajte dok se dobro ne sjedini.
g) Ulijte tijesto u pripremljenu tepsiju i pecite na 180°C 20-25 minuta ili dok umetnuti ražanj ne izađe čist.

MJEŠAVINA MLIJEKA:
h) U mjerni vrč ili menzuru ulijte toplo mlijeko.
i) Dodajte niti šafrana, vrhnje za šlag, kondenzirano mlijeko i thandai sirup. Dobro promiješajte.

NATOKITE TORTU:
j) Kada je kolač pečen, izbockati ga vilicom po cijeloj površini.
k) Ulijte mliječnu smjesu u tri obroka, dopuštajući da se dobro upije između intervala. Nagnite posudu kako biste osigurali pravilno upijanje.
l) Sačuvajte malo mliječne smjese za posluživanje.
m) Stavite u hladnjak na 8 sati ili preko noći.
n) Prije posluživanja istucite šlag na površinu.
o) Ukrasite šlagom, suhim laticama ruže, vrpcama šafrana i zlatnim listićima.
p) Kolač narežite na kvadrate i stavite na tanjur.
q) Tijekom posluživanja tortu prelijte ostatkom mliječne smjese.
r) Uživati!

90. Ukiseljene rotkvice

SASTOJCI:
- 1 vezica rotkvica, obrezana i tanko narezana
- 1 šalica bijelog octa
- ½ šalice vode
- ¼ šalice šećera
- 1 žlica soli
- 1 žličica cijelog zrna crnog papra
- 1 žličica sjemena gorušice
- 1 žličica sjemenki kopra

UPUTE:
f) U loncu pomiješajte ocat, vodu, šećer, sol, crni papar u zrnu, sjemenke gorušice i sjemenke kopra.
g) Zakuhajte smjesu i miješajte dok se šećer i sol ne otope.
h) Narezane rotkvice stavite u steriliziranu staklenku.
i) Vruću tekućinu za kiseljenje prelijte preko rotkvica, pazeći da su potpuno potopljene.
j) Ostavite ukiseljene rotkvice da se ohlade na sobnoj temperaturi, zatim ih poklopite i ostavite u hladnjaku najmanje 24 sata prije posluživanja.

91.Curry od bundeve sa začinjenim sjemenkama

SASTOJCI:
- 3 šalice bundeve – nasjeckane na komade od 1-2 cm
- 2 žlice ulja
- ½ žlice sjemenki gorušice
- ½ žlice sjemenki kumina
- Prstiti asafetidu
- 5-6 listova curryja
- ¼ žlice sjemenki piskavice
- ¼ žlica sjemenki komorača
- ½ žlice naribanog đumbira
- 1 žlica paste od tamarinda
- 2 žlice - suhog, mljevenog kokosa
- 2 žlice prženog mljevenog kikirikija
- Sol i smeđi šećer ili jaggery po ukusu
- Svježi listovi korijandera

UPUTE:
a) Zagrijte ulje i dodajte sjemenke gorušice. Kad popucaju dodajte kumin, piskavicu, asafetidu, đumbir, curry lišće i komorač. Kuhajte 30 sekundi.
b) Dodajte bundevu i sol. Dodajte tamarind pastu ili vodu s pulpom unutra. Dodajte jaggery ili smeđi šećer. Dodajte mljeveni kokos i kikiriki u prahu. Kuhajte još nekoliko minuta. Dodajte svježe nasjeckani korijander.

92.Salata od kupusa i nara

SASTOJCI:
- 1 šalica kupusa – naribanog
- ½ nara bez sjemenki
- ¼ žlice sjemenki gorušice
- ¼ žlice sjemenki kumina
- 4-5 listova curryja
- Stisnite asafetidu
- 1 žlica ulja
- Sol i šećer po ukusu
- Limunov sok po ukusu
- Svježi listovi korijandera

UPUTE:
a) Pomiješajte šipak i kupus.
b) Zagrijte sjemenke gorušice u tavi s uljem.
c) U tavu dodajte sjemenke kima, listove curryja i asafetidu .
d) Sjediniti mješavinu začina sa kupusom.
e) Dodajte šećer, sol i sok od limuna i dobro promiješajte. Poslužite ukrašeno korijanderom.

93.Salata od mrkve i nara

SASTOJCI:
- 2 mrkve – naribane
- ½ nara bez sjemenki
- ¼ žlice sjemenki gorušice
- ¼ žlice sjemenki kumina
- 4-5 listova curryja
- Stisnite asafetidu
- 1 žlica ulja
- Sol i šećer po ukusu
- Sok od limuna - po ukusu
- Svježi listovi korijandera

UPUTE:
a) Pomiješajte šipak i mrkvu.
b) Zagrijte sjemenke gorušice u tavi s uljem.
c) Dodajte sjemenke kumina, listove curryja i asafetidu .
d) Sjedinite mješavinu začina sa mrkvom.
e) Dodajte šećer, sol i limunov sok.
f) Poslužite ukrašeno korijanderom.

94. Čaj masala začin

SASTOJCI:
- 1 štapić cimeta
- 5-6 cijelih klinčića
- 5-6 cijelih mahuna kardamoma
- 1-inčni komad svježeg đumbira, naribanog
- 1 žličica crnog papra u zrnu
- 1 žličica sjemenki komorača
- 1 žličica sjemenki korijandera
- 1 žličica sjemenki kumina

UPUTE:
a) U tavi suho ispecite štapić cimeta, klinčiće, mahune kardamoma, zrna crnog papra, sjemenke komorača, sjemenke korijandera i sjemenke kumina na laganoj vatri dok ne zamirišu.
b) Maknite s vatre i pustite da se začini ohlade.
c) Pržene začine sameljite u mlincu za začine ili u mužaru dok ne budu fini.
d) Čuvajte kenijski čaj Masala u hermetički zatvorenoj posudi.
e) Za upotrebu, dodajte prstohvat ili dva čaja masale u svoj čaj dok se kuha za mirisan i začinjen okus.

95. Začinjeni čili slanutak

SASTOJCI:
- 3 šalice kuhani slanutak
- 1 žlica maslinovog ulja
- 2 žličice sjemenki kumina
- 2 žličice sjemenki crnice
- 2 žličice čili pahuljica, po ukusu
- Pahuljice morske soli

UPUTE:
a) U manji pleh za pečenje istresite ocijeđeni i oprani slanutak u jednom sloju.
b) Pokapajte u ulju i po vrhu pospite kumin, nigellu i čili pahuljice. Ubacite velikodušno prstohvat pahuljica morske soli da se sjedine.
c) Stavite tavu u zagrijanu pećnicu na drva i pecite slanutak oko 30 minuta, povremeno protresajući lim da se izmiješa kako bi se ravnomjerno ispekao.
d) Trebali bi biti hrskavi i bogate zlatno smeđe boje. Pustite da se malo ohladi prije prebacivanja u zdjelu za posluživanje.

96. od brusnica i oraha

SASTOJCI:
- 1 šalica višenamjenskog brašna
- 2 žlice smeđeg šećera
- ¾ šalice brusnice narezane na kockice
- ½ šalice pekan oraha
- ½ šalice sjemenki bundeve
- 2 žličice chia sjemenki
- 2 žličice sezamovih sjemenki
- 1 žličica sitno nasjeckanog svježeg ružmarina
- ½ žličice narančine korice
- 1 čajna žličica sode bikarbone
- ½ žličice soli
- 1 šalica mlijeka
- krupna sol (za preljev)

UPUTE:
a) Zagrijte pećnicu na 350°F (180°C).
b) U velikoj zdjeli pomiješajte sve sastojke osim mlijeka. Kada se sve izmiješa, dodajte mlijeko da napravite tijesto.
c) Podmažite kalupe za male štruce sprejom za kuhanje i napunite ih tijestom, puneći svaki kalup do otprilike dvije trećine.
d) Pecite 25-40 minuta ili dok krekeri ne postanu čvrsti. Točno vrijeme pečenja može varirati ovisno o veličini vaših kalupa za kruh. Mojim posudama za male kruhove trebalo je oko 30 minuta da se peku.
e) Pečene štruce ostavite da se ohlade 10-15 minuta, a zatim ih prebacite u zamrzivač na 30-60 minuta. Alternativno, možete ih ostaviti da se ohlade na sobnoj temperaturi, iako to može potrajati nekoliko sati.
f) Nakon što se štruce potpuno ohlade , zagrijte pećnicu na 325°F (160°C) i pažljivo izvadite pečene štruce iz kalupa za kruh.
g) Oštrim nazubljenim nožem narežite svaku štrucu na tanke kriške, debljine otprilike ⅛.
h) Narezane krekere stavite na žičanu rešetku za pečenje postavljenu na obloženu tepsiju i po vrhu pospite ili sameljite krupnu sol.
i) Pecite 25-30 minuta.
j) Ostavite krekere da se ohlade; nastavit će hrskati dok se hlade.

97. Godiva i čokoladna kora od badema

SASTOJCI:

- 8 unci Godiva tamne čokolade, sitno nasjeckane
- ½ šalice prženih badema, grubo nasjeckanih
- ¼ šalice miješanih sjemenki (npr. sjemenke bundeve, sjemenke suncokreta, chia sjemenke)
- Prstohvat sitne morske soli (po želji, za ukras)

UPUTE:

a) Lim za pečenje obložite papirom za pečenje ili silikonskom podlogom za pečenje. Provjerite stane li u vaš hladnjak ili zamrzivač.

b) Stavite sitno nasjeckanu tamnu čokoladu Godiva (ili komadiće tamne čokolade) u zdjelu prikladnu za mikrovalnu pećnicu. Peći u mikrovalnu u intervalima od 20-30 sekundi, svaki put miješajući, dok se čokolada potpuno ne otopi i postane glatka. Alternativno, možete otopiti čokoladu koristeći parni kotao na štednjaku.

c) Otopljenu tamnu čokoladu izlijte na pripremljen lim za pečenje. Koristite lopaticu ili stražnju stranu žlice da ga ravnomjerno rasporedite u oblik pravokutnika ili kvadrata, debljine oko ¼ do ½ inča.

d) je još mekana ravnomjerno pospite nasjeckane pečene bademe i izmiješane sjemenke . Nježno ih utisnite u čokoladu da se zalijepe.

e) Po želji po vrhu kore čokolade pospite prstohvat ljuskaste morske soli. Ovo dodaje divan kontrast slatkoći čokolade.

f) Lim za pečenje stavite u hladnjak ili zamrzivač da se kora čokolade stegne. Trebat će vam oko 30 minuta do 1 sat u hladnjaku ili oko 15-30 minuta u zamrzivaču.

g) Nakon što se kora čokolade potpuno stegne i stegne, izvadite je iz hladnjaka ili zamrzivača.

h) Rukama ili nožem razbijte ga na nepravilne komade ili krhotine.

98.Goji zdjelice za squash

SASTOJCI:
- 2 srednje tikvice od žira
- 4 žličice kokosovog ulja
- 1 žlica javorovog sirupa ili smeđeg šećera
- 1 žličica garam masale
- Fina morska sol
- 2 šalice običnog grčkog jogurta
- Granola
- Goji bobice
- Nar arils
- Sjeckani pekan orasi
- Tostirane sjemenke bundeve
- Maslac od oraha
- Sjemenke konoplje

UPUTE:
a) Zagrijte pećnicu na 375°F.
b) Prerežite tikvu na pola od peteljke prema dolje. Izvadite i bacite sjemenke. Meso svake polovice premažite uljem i javorovim sirupom, a potom pospite garam masalom i prstohvatom morske soli. Stavite tikvicu na obrubljeni lim za pečenje sa prerezanom stranom prema dolje. Pecite dok ne omekša, 35 do 40 minuta.
c) Tikvu okrenite i malo ohladite.
d) Za posluživanje svaku polovicu tikvice napunite jogurtom i granolom. Povrh stavite goji bobice, šipak, pekan orahe i sjemenke bundeve, pokapajte maslacem od oraha i pospite sjemenkama konoplje.

99. Zdjelica za jogurt Superfood

SASTOJCI:
- 1 šalica grčkog jogurta
- 1 žličica kakao praha
- ½ žličice vanilije
- Sjemenke nara
- Sjemenke konoplje
- Chia sjemenke
- Goji bobice
- Borovnice

UPUTE:
a) Pomiješajte sve sastojke u posudi.

100. Zdjelice od kivija i papaje

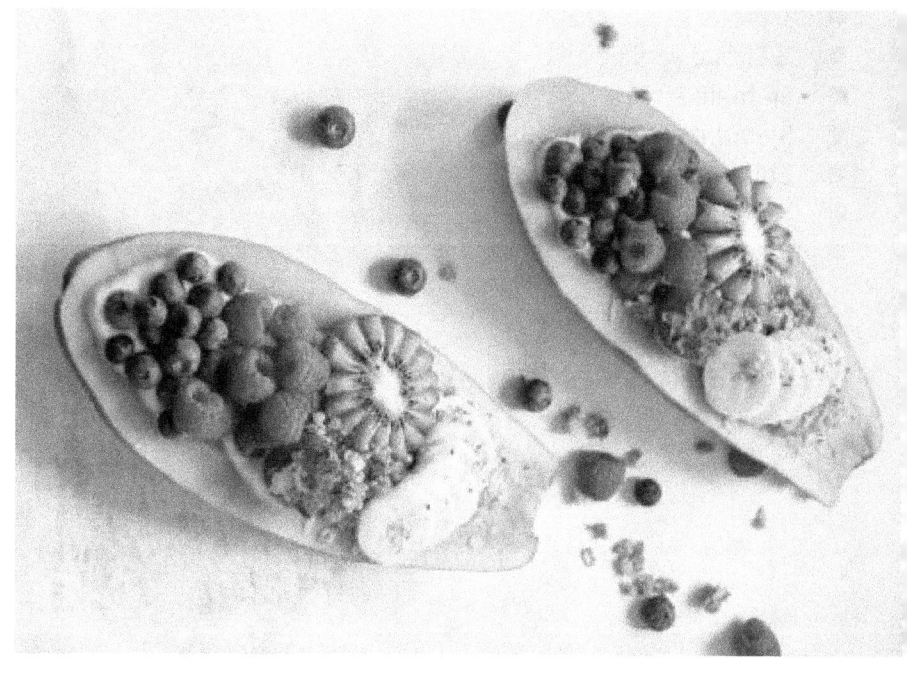

SASTOJCI:
- 4 žlice amaranta, podijeljene
- 2 male zrele papaje
- 2 šalice kokosovog jogurta
- 2 kivija, oguljena i narezana na kockice
- 1 veliki ružičasti grejp, oguljen i izrezan na segmente
- 1 velika naranča za pupak, oguljena i razrezana na segmente
- Sjemenke konoplje
- Sjemenke crnog sezama

UPUTE:
a) Zagrijte visoku široku tavu na srednje jakoj vatri nekoliko minuta.
b) Provjerite je li tava dovoljno vruća tako da dodate nekoliko zrna amaranta.
c) Trebali bi zadrhtati i iskočiti u roku od nekoliko sekundi. Ako nije, zagrijte tavu još koju minutu i ponovno testirajte. Kada se tava dovoljno zagrije, dodajte 1 žlicu amaranta.
d) Zrnca bi trebala početi pucati za nekoliko sekundi.
e) Pokrijte lonac i povremeno protresite dok sva zrna ne popucaju. Ulijte nakockani amarant u zdjelu i ponovite s preostalim amarantom, žlicom po žlicom.
f) Prerežite papaju na pola po dužini, od stabljike do repa, zatim uklonite i bacite sjemenke. Svaku polovicu napunite naribanim amarantom i kokosovim jogurtom.
g) Prelijte kivijem, grejpom i kriščima naranče te pospite sjemenkama konoplje i sezamom.

ZAKLJUČAK

Dok se opraštamo od "VRHUNSKO SJEME KUHARICA", činimo to sa srcima punim zahvalnosti za ukusne okuse, stvorene uspomene i kulinarske avanture koje dijelimo na putu. Kroz 100 recepata koji su slavili raznolikost i svestranost sjemenki, istražili smo nevjerojatan potencijal ovih sićušnih, ali moćnih sastojaka, usput otkrivajući nove okuse, teksture i tehnike.

Ali naše putovanje ne završava ovdje. Dok se vraćamo u naše kuhinje, naoružani novim nadahnućem i poštovanjem prema sjemenkama, nastavimo eksperimentirati, inovirati i stvarati. Bilo da kuhamo za sebe, svoje najmilije ili goste, neka nam recepti iz ove kuharice budu izvor radosti i zadovoljstva u godinama koje dolaze.

I dok uživamo u svakom ukusnom zalogaju dobrote prožete sjemenkama, prisjetimo se jednostavnih užitaka dobre hrane, dobrog društva i užitka kuhanja. Hvala vam što ste nam se pridružili na ovom ukusnom putovanju kroz svijet sjemenki. Neka vaša kuhinja uvijek bude ispunjena dobrotom sjemenki i neka svako jelo koje napravite bude slavlje zdravlja, okusa i kreativnosti.

www.ingramcontent.com/pod-product-compliance
Lightning Source LLC
Chambersburg PA
CBHW070700120526
44590CB00013BA/1037